Neue
Kleine Bibliothek 71

*Rolf Surmann
(Hrsg.)*

Das Finkelstein-Alibi

»Holocaust-Industrie«
und Tätergesellschaft

Beiträge von:
Micha Brumlik, Lars Rensmann, Andreas Speit,
Rolf Surmann, Dieter Vaupel, Ulrike Winkler,
Wolfgang Wippermann und Moshe Zuckermann

PapyRossa Verlag

© 2001 by PapyRossa Verlags GmbH & Co. KG, Köln
Alle Rechte vorbehalten
Umschlag: Willi Hölzel
Satz: Alex Feuerherdt
Druck: Interpress, Budapest

Die Deutsche Bibliothek – CIP-Einheitsaufnahme

Ein Titeldatensatz für diese Publikation
ist bei Der Deutschen Bibliothek erhältlich

ISBN 3-89438-217-1

Inhalt

Vorbemerkung 7

I.
Entschädigungspolitik

Rolf Surmann
Finkelsteins Polemik gegen die Jewish Claims Conference.
Eine Einführung in die Problematik 10

Ulrike Winkler
Beistand für deutsche Schuldner. Finkelstein und die
Kontroverse über die Entschädigung von NS-Zwangsarbeit 20

Dieter Vaupel
Entschädigungsverweigerung und die Politik
der Claims Conference. Das Beispiel Flick 41

Dokumentation
— Das Luxemburger Abkommen 62
— Abkommen zwischen der Bundesrepublik
  Deutschland und dem Staate Israel 64
— Protokoll Nr. 2 66

II.
Holocaust-Erinnerung

Moshe Zuckermann
Finkelstein und die Instrumentalisierung der Vergangenheit.
Reflexionen aus israelischer Sicht 72

Micha Brumlik
Die Graduierung des Grauens. Zum geschichtsphilosophischen Hintergrund der neuen Debatte
über die Holocaust-Erinnerung   86

III.
Deutsche Reaktionen
als Paradigmenwechsel

Wolfgang Wippermann
Ein »Spezialist für Israelfragen«. Finkelstein gegen
Goldhagen und andere »jüdische Geschäftemacher«   92

Rolf Surmann
Der jüdische Kronzeuge. Die Reaktionen auf Finkelsteins
Pamphlet als Ausdruck eines zeigeschichtlichen
Paradigmenwechsels   104

Lars Rensmann
Entschädigungspolitik, Erinnerungsabwehr und Motive
des sekundären Antisemitismus   126

Andreas Speit
Jargon der Tabubrecher. Norman G. Finkelsteins
Rezeption in der Jungen Freiheit   154

Die Autorin und die Autoren   173

Vorbemerkung

Norman Finkelsteins »Holocaust-Industrie« für sich genommen kann wohl ohne Verlust ignoriert werden. Doch sich mit den Reaktionen auf diesen Text als Ausdruck der ideologisch-politischen Verfaßtheit in diesem Land auseinanderzusetzen, erscheint um so notwendiger. Diese Sichtweise, die dann wiederum auch den Rekurs auf Finkelsteins Argumentation selbst erfordert, strukturiert Textzusammenstellung und -abfolge des vorliegenden Buchs.

Nach dem zentralen Punkt der Kontroverse, Entschädigungspolitik, bezüglich dessen Ulrike Winkler Finkelsteins Sicht mit dem tatsächlichen Verlauf der Entschädigungspolitik konfrontiert, Dieter Vaupel in einer Detailstudie über Flick insbesondere den Blick auf die Verhandlungsweise der Jewish Claims Conference richtet und das strittige Luxemburger Abkommen auszugsweise dokumentiert wird, greifen Moshe Zuckermann und Micha Brumlik weiter aus und umreißen im Hinblick auf Finkelsteins Position Probleme und emanzipatorische Ansätze der Holocaust-Erinnerung und -Reflexion.

Wolfgang Wippermann (er)klärt dann, wie sich der Autor von »Holocaust-Industrie« dem deutschen Publikum schon vorab empfohlen hat, und fördert damit die Gründe für die jetzige Erwartungshaltung zutage, Rolf Surmann wertet die Reaktionen im Hinblick auf einen zeitgeschichtlichen Paradigmenwechsel und Lars Rensmann analysiert den Finkelstein-Diskurs im Kontext von Entschädigungspolitik, Erinnerungsabwehr und sekundärem Antisemitismus, während Andreas Speit aus anderer Perspektive die Rückwirkung am rechten Rand, speziell bei der Neuen Rechten, thematisiert.

Der Autorin und den Autoren sei für ihre Bereitschaft gedankt, sich in der überaus knappen Zeit an dieser Intervention in die Debatte zu beteiligen. Der Verlag hat durch seine präzise Arbeit bei der Lektorierung und Herstellung des Büchleins auf seine Weise dazu beigetragen, auch dafür sei Dank gesagt. Persönlichen Dank möchte ich Jan Surmann für seine mannigfaltigen Ratschläge und endlosen Faxschlangen aussprechen.

Der Herausgeber

I.
Entschädigungspolitik

Rolf Surmann

Finkelsteins Polemik gegen die Jewish Claims Conference
Eine Einführung in die Problematik

Norman Finkelstein, Sohn jüdischer Auschwitz-Überlebender, Universitätsdozent in New York und ein Linker aus dem Umfeld von Noam Chomsky, beschuldigt die Jewish Claims Conference (JCC), frühere Entschädigungszahlungen den Anspruchsberechtigten vorenthalten zu haben, heute zu Unrecht erneut Forderungen zu stellen, dabei zu Lasten anderer Verfolgtengruppen mit überhöhten Zahlen zu operieren und nicht zuletzt erpresserische Methoden gegen deutsche Konzerne anzuwenden. Andere Autoren, wie Gabriel Schoenfeld – ein amerikanischer Jude von eher konservativer Couleur –, üben ebenfalls Kritik am Kurs der JCC. Auch gibt es Überlebende, die sich von ihren Vertretungen schlecht behandelt fühlen. Das scheint vielen Medien in Deutschland ein Wahrheitsbeweis zu sein, der die Prüfung von Fakten und die Reflexion ihres gesellschaftlichen Kontextes überflüssig macht. Zumindest einiges sei deshalb nachgetragen.

Zunächst ein kurzer Blick zurück. Als die unmittelbare Pein der NS-Opfer 1945 beendet war, gab es nicht den bedingungslosen Versuch, sie mit allen verfügbaren Mitteln zu unterstützen. Im Gegenteil. Als Displaced Persons blieben viele von denen, die alles verloren hatten – Familie und Freunde, oftmals auch ihre Gesundheit und fast immer ihren Besitz – unliebsame Fremde im Land der Täter, mißtrauisch beäugt und oftmals erneut verfolgt. Wie ihnen begegnet wurde, das Ausmaß ihrer Lästigkeit, zeigt ein Debattenbeitrag im bayerischen Landtag, bei dem es um eine Beihilfe von 500 Mark und um die bevorzugte Abfertigung jüdischer NS-Verfolgter ging, um sie zu schnellerer Ausreise zu veranlassen: »Der Grund lag darin, daß uns damals jeder DP alles in allem 3 bis 400 Mark im Monat für Verpflegung, Unterkunft, Betreuung, Bewachung usw. kostete und daß trotzdem nicht verhindert werden konnte, daß die DPs eine dauernde Gefährdung der öffentlichen Sicherheit darstellten (...) Natürlich wurde behauptet, daß es ungerecht gewesen sei, die DPs vorweg abzufertigen. Aber es waren 80 000 Leute, die auf diese Weise mit je 500 Mark aus dem Land entfernt werden konnten.«[1]

Hatte sich ein gerade noch seines Lebens Bedrohter für den einen oder den anderen Weg entschieden, dann konnte er sich immer noch nicht gerettet fühlen. Blieb er, dann war er mit einer Gesellschaft konfrontiert, die sich ihm gegenüber in der Regel mindestens ablehnend verhielt. Ging er nach Israel, dann empfing ihn angesichts der Einwanderungswelle soziales Elend und eine neue grundsätzliche Gefährdung in Form der Existenzbedrohung des (späteren) Staates. Doch wie sollte man sich überhaupt entscheiden? So verschieden die persönlichen Präferenzen, so kontrovers waren auch die politisch-gesellschaftlichen Angebote, mit denen die einzelnen schon in den DP-Lagern durch unterschiedliche Organisationen konfrontiert waren. Doch nicht nur um persönliche Entscheidungen ging es. Es mußten auch Vertretungen gebildet werden, nicht zuletzt, um anerkannt zu werden und als Verhandlungspartner auftreten zu können.

Einer der ersten Anlässe hierfür war 1947 die Frage der Rückgabe von erbenlosen Vermögen, die deshalb besondere Bedeutung hatte, weil das Ausmaßes des deutschen Verbrechens oft zur Ermordung aller Erben vor allem jüdischer NS-Verfolgter geführt hatte.[2] Die Alliierten vertraten die Ansicht, daß es gegen jegliches moralische Prinzip verstoße, wenn diese Gelder nach dem normalen Fiskalerbrecht dem Staat zufalle, die Räuber also ihre Beute zumindest indirekt behalten könnten und weiterhin Nutznießer des Raubes blieben. Umstritten war jedoch, an wen das erbenlose Eigentum gehen solle. Der sowjetische Vertreter war der Meinung, der Besitz solle den deutschen Ländern zufallen, damit diese aus den Erträgen für alle NS-Opfer ein Sozialprogramm finanzieren könnten. Die Franzosen waren für eine Nachfolgeorganisation der Verfolgten, nicht aber für eine speziell jüdische, weil sie – wie sie sagten – als Demokraten eine Unterscheidung nach »Rasse und Religion« ablehnten. Dabei berücksichtigten sie die spezifische Form der Verfolgung aber ebenfalls nicht. Die Briten wiederum befürchteten, Zahlungen an eine jüdische Nachfolgeorganisation würden nach Palästina fließen und damit ihre Mandatspolitik erschweren. Also lehnten auch sie eine jüdische Nachfolgeorganisation ab. Die USA befürworteten zwar generell die Zuständigkeit eines jüdischen Ansprechpartners, dachten aber, er könnte bei der deutschen Bevölkerung und bei den deutschen Behörden auf Schwierigkeiten stoßen. Auf jüdischer Seite wiederum gab es einen Zusammenschluß von Organisationen, von dem sich jedoch die jüdischen Gemeinden in den drei Westzonen distanzierten. Sie betrachteten sich als die eigentlichen Rechtsnachfolger von öffentlichem und erbenlosem jüdischem Eigentum. Erst nach einiger Zeit wurden diese Konflikte gelöst, und die Jewish Restitution Successor Organization konnte ihre Arbeit aufnehmen.

Drei verschiedene Instanzen nahmen also unterschiedliche oder sogar gegensätzliche Positionen ein: die Alliierten, die Verfolgtenvertretungen und die deutschen Behörden. Unter ihnen gab es wiederum in mancherlei Hinsicht konträre Meinungen. Bei den Verfolgtenverbänden zum Beispiel gab es in dieser Frage einen Widerspruch zwischen den jüdischen und den übrigen Vertretungen, innerhalb der jüdischen Organisationen wiederum den zwischen deutschen Gemeinden und internationalen Organisationen. Dabei prallten nicht nur divergierende Interessen aufeinander, sondern oft auch unterschiedliche Philosophien politischen Handelns, all dies unter den genannten Lebensumständen. Die Konzipierung und praktische Durchsetzung von Rückerstattung und Entschädigung waren unter diesen Bedingungen nicht nur äußerst schwierig, sondern es verstand sich auch von selbst, daß sie von heftigen Diskussionen und Kontroversen begleitet waren.

Nicht viel anders ging es bei der Gründung der Jewish Claims Conference (JCC) als Dachverband jüdischer Organisationen zu. Sie war von der Bundesregierung gefordert worden, um eine legitimierte Ansprechpartnerin der Juden außerhalb Israels bei den Entschädigungsverhandlungen Anfang der 50er Jahre zu haben. Wie umstritten ihre Position damals noch war, zeigt der Umstand, daß Adenauer nicht bereit war, mit ihr ein Abkommen wie mit der israelischen Regierung zu schließen, sondern nur Protokolle unterzeichnete. Die Aufnahme von Verhandlungen selbst führte auf jüdischer bzw. israelischer Seite zu den größten Auseinandersetzungen, die es im Rahmen der Entschädigungspolitik gegeben hat. Regierungschef Ben Gurion hatte Forderungen und Verhandlungen mit den Worten begründet, daß sich souveräne Staaten um die Sicherheit und das Wohlergehen ihrer Bürger kümmerten, aber »niemanden anspucken«. Die Opposition mit Menachem Begin an der Spitze dagegen argumentierte, es sei nicht zulässig, daß sich Mörder mit Geld loskaufen. Das Andenken an die Opfer werde hierdurch verletzt. Allgemein verbreitet war die Meinung: »A glik hot uns getrofen – sechs Millionen Juden wurden umgebracht, und wir bekommen ein bißchen Geld.«[3] In dieser Kontroverse, die zu Straßenschlachten führte und allgemein als Gefährdung der israelischen Demokratie angesehen wurde, standen also die Verfechter eines pragmatischen »Normalisierungskurses«, die bereit waren, auch mit dem nationalsozialistischen Nachfolgestaat zu verhandeln, um die prekäre Lage der israelischen Gesellschaft zu verbessern, denjenigen gegenüber, die in der politischen Isolierung und internationalen Ächtung der Bundesrepublik die einzige Möglichkeit sahen, das Andenken an die Opfer angemessen zu bewahren.

Kontroversen hat es auch in der Folgezeit gegeben, jedoch nicht in dieser Schärfe. Selbst über die Thematik, die Finkelstein jetzt hervorhebt, diskutiert und streitet man – natürlich mit Ausnahme der Entschädigungsverhandlungen für Zwangsarbeit – seit Jahren. Zum Beispiel erschien bereits 1997 ein Buch von Isabel Vincent,[4] in dem die Autorin wesentliche Aspekte der Problematik anspricht. Ihr Ausgangspunkt ist die Gründung der World Jewish Restitution Organization (WJRO) 1992 – eines Verbandes also, der sich mit der Rückerstattung von Vermögenswerten bzw. mit entsprechenden Entschädigungszahlungen befaßt. Anlaß hierfür war die politische Umbruchsituation in Osteuropa, die jüdische Organisationen dazu veranlaßte, enteigneten Gemeindebesitz zurückzufordern. Grundsätzlich hat sie das Ziel, alle Vermögensfragen zu klären, die durch die neue politische Konstellation aufgeworfen worden sind.[5]

Kritik gibt es in verschiedener Hinsicht. Zum einen wiederholt sich die Auseinandersetzung über das Vertretungsrecht. Verschiedene jüdische Gemeinden in Osteuropa fühlen sich von der WJRO übergangen und fordern, ähnlich wie es 1947 die jüdischen Gemeinden in den drei Westzonen taten, eine eigenständige Interessenvertretung. Kritik wird auch wegen des Verhandlungsstils geäußert, von dem negative Rückwirkungen auf die gesellschaftliche Situation der jüdischen Gemeinden befürchtet werden.[6] Zum anderen wird grundsätzlich problematisiert, ob es politisch richtig sei, Rückerstattungs- und Entschädigungsfragen heute noch so stark in den Vordergrund zu stellen. Vertreter des Simon-Wiesenthal-Zentrums zum Beispiel fordern statt dessen, die Kräfte darauf zu richten, Kriegsverbrecher vor Gericht zu bringen. Der schon angesprochene Gabriel Schoenfeld wiederum bezieht sich auf die Entschädigungskontroverse in Israel und leitet daraus die Maxime ab, materielle Forderungen machten nur

Sinn, wenn damit wie Anfang der 50er Jahre ein positiver Einfluß auf jüdische Existenzfragen genommen werden könne. In der aktuellen Situation jedoch hält er Entschädigungsforderungen gerade gegenüber israelischen Bündnispartnern aus sicherheitspolitischen Erwägungen heraus für kontraproduktiv.[7]

Ein Teil dieser Streitpunkte ist also nicht neu; von allen kann gesagt werden, daß es sicher legitim ist, über sie zu diskutieren. Doch dürfte Übereinstimmung darüber zu erzielen sein, daß dies in erster Linie eine Angelegenheit derjenigen ist, die mit ihr befaßt sind. Denn es ist im wesentlichen eine Auseinandersetzung über die Form der Interessenvertretung. So ist dies in der Regel auch gesehen worden; große Aufmerksamkeit für diese Kontroversen in der nicht-jüdischen Öffentlichkeit konnte jedenfalls bisher nicht festgestellt werden.

Mit Norman Finkelstein »Holocaust-Industrie« wurde dies anders. Auch er spricht einige dieser Punkte an, allerdings auf besondere Weise. Vielleicht kann man sie als Skandalisierung der Debatte bezeichnen. Hierauf näher einzugehen macht Sinn, weil die Methode seines Argumentierens erkennbar wird.

Ein Beispiel für sein Vorgehen ist die mehrmals geäußerte Meinung, die WJRO und in anderem Zusammenhang auch die WJC hätten kein Recht auf ein Verhandlungsmandat. In der Sache rekurriert er damit speziell auf den Konflikt zwischen jüdischen Gemeinden in Osteuropa und der WJRO. Grundsätzlich handelt es sich hier um die bekannte Streitfrage, die schon am Beginn der Rückerstattungspolitik gestanden hat. Finkelstein greift sie jedoch in ganz eigener Manier auf. Er benennt nicht die Kontroverse, um in diesem Zusammenhang seine Position zu entwickeln, sondern schreibt u.a.: »Unter dem Vorwand, die Juden in aller Welt, ob lebendig oder tot, zu vertreten, erhebt sie (die WJRO; d. Verf.) in ganz Europa Anspruch auf jüdische Besitztümer aus der Zeit des Holocaust.«[8] Damit formuliert er seine Kritik an der WJRO nicht in dem sachlichen Rahmen, daß sie analog zu den Nachkriegsregelungen in Absprache mit Israel und international anerkannt über »Besitztümer ohne Erben« verhandelt, sondern er legt durch die Verwendung des Wortes »Vorwand« den Eindruck nahe, es gehe ihr gar nicht um die Vertretung jüdischer Interessen, sondern um Bereicherung oder »Erbschleicherei«. Ein innerjüdischer Vertretungskonflikt wird auf diese Weise so umformuliert, daß die Berechtigung jüdischer Ansprüche gegenüber den Aneignern jüdischen Besitzes in Abrede gestellt werden kann. Finkelstein kritisiert also nicht die WJRO und ihre Politik, sondern delegitimiert sie samt ihren Forderungen. Es verwundert nicht, wenn solche Behauptungen unter den gegebenen gesellschaftlichen Bedingungen auf ein größeres Interesse stoßen als Kontroversen über den Einfluß einzelner Gruppen auf die Verhandlungen.

Ein ähnliches Beispiel ist seine Aussage, die Schweiz und Deutschland würden durch den WJC »erpreßt«. Seine besondere Note bekommt eine solches Argument durch den Umstand, daß sich diese Länder angesichts der Jahrzehnte andauernden Entschädigungsverweigerung für bestimmte Bereiche jetzt gezwungen sahen, ihre ursprüngliche Haltung aufzugeben. Finkelstein spricht also vermutlich ein durchaus weitverbreitetes subjektives Empfinden an, wobei seine Formulierung noch dadurch besonders wirksam wird, als zu diesen Dispositionen wohl oftmals die Assoziationsfähigkeit gehört, der »Macht des internationalen Judentums« in Gestalt des WJC und der JCC erlegen zu sein. Auch hier setzt sich Finkelstein also nicht mit der Frage auseinander, ob es legitim ist, internationalen Druck auszuüben – ihn hat es unstrittig gegeben, und Dieter Vaupel zeigt in seinem Beitrag im übrigen detailliert auf, wie schwer sich die JCC damit tat, im Verlauf endlosen Scheiterns bei Entschädigungsverhandlungen für Zwangsarbeit schließlich auch zu diesem Mittel zu greifen –, sondern er formuliert einen prinzipiellen Vorwurf, mit dem er auf eine im Kern antisemitische Assoziationskette zielt und damit wiederum entsprechende Dispositionen bei den »Unterlegenen« bedient.

Zu den Spezifika des Finkelsteinschen Argumentationsstils, zweiter Punkt, gehört auch die Aufstellung von Behauptungen, die – nennen wir es so – sachlich nicht aufrecht zu halten sind. Aus einer Vielzahl von Beispielen sei wegen ihrer Bedeutung für die gesamte Kontroverse seine These herausgegriffen, die JCC habe bei den gerade abgeschlossenen Verhandlungen zur Entschädigung von Zwangsarbeit eine überhöhte Zahl eigener Anspruchsberechtigter (135 000) eingebracht und anderen Opfergruppen damit geschadet. Er selbst spricht von 25 000 heute noch lebenden Opfern, für die die Claims Conference sprechen könne. Unter zwei Gesichtspunkten scheint es sinnvoll, hierauf einzugehen.

Zunächst kurz, ohne Details zu berücksichtigen, zu den Zahlen selbst. Finkelstein begründet seine Position mit kursorischen Zahlen, die er vor allem einer Studie Henry Friedlanders entnommen hat.[9] Grundsätzlich ist zu seinen Berechnungen auf dieser Grundlage zu bemerken, daß sie der Kompliziertheit des Problems nicht gerecht werden. Wie umstritten und wie schwierig dieser Punkt zu beantworten ist, zeigt u.a. die Schwankungsbreite der Zahl von Anspruchsberechtigten während der Verhandlungen. Sie reichte von 750 000 bis 1,5 Millionen. Auf der Homepage des Bundesverbandes Information und Beratung für NS-Verfolgte sind zum Beispiel zirka zwanzig Papiere dokumentiert, die den Diskussionsstand auf der Basis von Hochrechnungen, wissenschaftlichen Tagungen, Erhebungen der Bundesregierung und kontroversen Stellungnahmen hierzu dokumentieren. Im Detail hat ein ausgewiesener Fachmann wie Ulrich Herbert darauf hingewiesen, daß Finkelstein der Fehler unterlaufe, die Anzahl heute noch lebender Zwangsarbeiter und Zwangsarbeiterinnen lediglich von der Anzahl der Überlebenden in den Konzentrationslagern abzuleiten, während viele auch an anderen Orten überlebt hätten. Im Prinzip kommt Herbert zur Bestätigung der von der Claims Conference genannten Zahlen.[10] Ende Februar schließlich meldete die Presse,[11] die Claims Conference habe weltweit zirka 100.000 Menschen angeschrieben, die ihr bereits bekannt seien und die sie aufgrund ihrer Aktenlage für anspruchsberechtigt halte. Insgesamt rechne sie mit bis zu 170.000 Anspruchsberechtigten.

Doch trotz dieses Sachverhalts soll auch in dieser Hinsicht nicht bestritten werden, daß es Sinn machen kann, sich über Problemen wie diesen eingehend auseinanderzusetzen. Genau das hat Finkelstein aber nicht gemacht. Ihm war es ein Anliegen, auf der Grundlage einer völlig unzureichenden Sachargumentation den Ruf der Claims Conference in der Öffentlichkeit herabzusetzen. Einer anderen Fragestellung, die vielleicht interessanter ist als die Bestimmung der Anzahl von Anspruchsberechtigten, ging er erst gar nicht nach: Warum hat diese Zahl überhaupt solch eine Relevanz? Denn die Leistungshöhe für die einzelnen Antragsteller und sogar die knappen Antragsfristen sind ja festgelegt. Welchen Hinderungsgrund kann es also geben, den Eingang der Anträge abzuwarten und diese sukzessive zu bearbeiten? Der Grund liegt in der finanziellen Begrenzung des Stiftungsfonds auf 10 Milliarden Mark und der sich hieraus ergebenden Mittelstrukturierung im Hinblick auf die einzelnen Opfergruppen und die für sie zuständigen Organisationen. Entsprechend heißt es im Stiftungsgesetz, daß die genannten Summen für einzelne Anspruchsberechtigte Höchstsummen sind. Melden sich mehr Opfer als berechnet, werden die Gelder nur anteilmäßig freigegeben. Die Frage nach der Zahl möglicher Antragsteller weist also auf das Konstruktionsprinzip des Stiftungsfonds zurück und damit auf die mangelnde Bereitschaft, allen Anspruchsberechtigten nicht wenigstens die Summe zu garantieren, die ihnen prinzipiell zugestanden worden ist. Statt dessen sind diese davon abhängig, was die deutsche Seite zu zahlen bereit ist: 10 Milliarden Mark. Ein finanzielles Nachschießen wird im Gesetz mit Nachdruck ausgeschlossen.

Die angeführten Beispiele lassen eine Gemeinsamkeit erkennen, die vielleicht als Grundstruktur finkelsteinscher Argumentation bezeichnet werden kann: Sie werden nach den Prämissen eines ideologischen Konstrukts abgehandelt. Diese Vorgehensweise prägt besonders die Behauptung, daß die Claims Conference den NS-Verfolgten Gelder aus dem Luxemburger Abkommen vorenthalten habe und sie jetzt erneut einfordere.

Zunächst sei vermerkt, daß seine Argumentation auch an diesem Punkt von falschen Voraussetzungen ausgeht. Denn Finkelstein behauptet, NS-Zwangsarbeit sei für jüdische Häftlinge bereits entschädigt worden, und fährt fort: »Nur die zurückbehaltenen Löhne wurden nicht formell entschädigt.«[12] Der Trick liegt in der Einfügung des Wörtchens »nur«. Denn es suggeriert, daß es sich bei diesem Aspekt von Zwangsarbeit um einen eher nebensächlichen handle. Tatsächlich jedoch war die Frage des vorenthaltenen Lohns nicht nur Ausgangspunkt für die jetzigen Verhandlungen, sondern bei dieser »Bagatelle« ging es zum Beispiel nach den Berechnungen von Thomas Kuczynski auch um 180 Milliarden Mark.[13] Kurz darauf schreibt er dann: »Deutschland bedachte auch die Jewish Claims Conference mit annähernd einer Milliarde Dollar (nach heutigem Wert) für jene jüdischen ehemaligen Lagerhäftlinge, die nur die Minimal-Entschädigung erhalten hatten. Die Claims Conference verstieß, wie schon erwähnt, gegen das Abkommen mit Deutschland und verwendete die Gelder statt dessen für ihre verschiedenen Lieblingsprojekte.«[14] Finkelstein bezieht sich mit diesen Ausführungen, obwohl man es kaum glauben mag, offenbar auf das Protokoll Nr. 2, das 1952 im Rahmen des Luxemburger Abkommens von der Bundesregierung und der Claims Conference unterzeichnet worden war. Da an anderer Stelle noch ausführlich auf diesen Sachverhalt eingegangen wird,[15] sei hier nur vermerkt, daß dieses Protokoll weder etwas über Entschädigungsansprüche aussagt, noch die Claims Conference zu einer Individualentschädigung im Sinne Finkelsteins verpflichtet. In der entsprechenden Passage heißt es, die Gelder sollen für die

»Unterstützung, Eingliederung und Ansiedlung jüdischer Opfer der nationalsozialistischen Verfolgung nach der Dringlichkeit ihrer Bedürfnisse«[16] verwendet werden.

Finkelsteins zentrale Kritik an der Umsetzung des Protokolls durch die JCC lautet: »Die Claims Conference ›annullierte‹ das Abkommen umgehend. Sie verstieß nämlich in flagranterWeise gegen seinen Wortlaut und seinen Geist, als sie die Gelder nicht für die Rehabilitation jüdischer Opfer vorsah, sondern vielmehr für die Wiederherstellung jüdischer Gemeinden.«[17] Sehen wir davon ab, daß die Claims Conference weder gegen den Wortlaut noch gegen den Geist des Protokolls verstieß, wenn sie zum Beispiel unter der Eingliederung und Ansiedlung der NS-Verfolgten – zumal unter dem subjektiven Aspekt der Dringlichkeit ihrer Bedürfnisse – gerade auch die Wiederherstellung jüdischer Gemeinden verstand. Ausschlaggebend ist, daß nach der eingangs skizzierten Lage der Displaced Persons – nach diesem grenzenlosen Verbrechen: der Juden überhaupt – es doch ohne weiteres nachzuvollziehen ist, wenn auf die Schaffung und Sicherung ihrer sozialer Strukturen größtes Gewicht gelegt wurde. Es ist deshalb erstaunlich, wie wenig Finkelstein bereit ist, sich mit den Interessen der Überlebenden tatsächlich auseinanderzusetzen. Dabei mag ihm durchaus zugestanden sein, daß er aus seinem Blickwinkel mit verschiedenen Maßnahmen nicht einverstanden ist, doch sein Habitus der Denunziation bleibt – auch im Hinblick auf andere »Lieblingsprojekte« des WJC – nicht nachvollziehbar. Die Problematik seines Pamphlets besteht deshalb nicht etwa in maßloser Polemik, wie das mittlerweile durchaus zugestanden wird, sondern darin, daß sich in dieser kein wahrer Kern verbirgt. Sein Buch stellt deshalb nicht nur für Fragen der Entschädigungspolitik, sondern auch für die Diskussion über eine angemessene Kultur der Erinnerung an die Ermordung der europäischen Juden und für das analytische Erfassen dieses beispiellosen Verbrechens eine Belastung dar.

Um so bemerkenswerter sind das überaus große Interesse und die positive Aufnahme, die der Text in großen Teilen der deutschen Gesellschaft gefunden hat. Offensichtlich war die Fähigkeit, diesem Alibi-Angebot des jüdischen Kronzeugen zu widerstehen, allenfalls rudimentär entwickelt. Deshalb machen es erst die Reaktionen auf »Holocaust-Industrie« interessant, sich auf Finkelstein einzulassen, scheint dessen Buch doch eine Art Spiegel für wichtige Aspekte der ideologisch-politischen Verfaßtheit in diesem Land zu sein.

Anmerkungen

[1] Zit. nach: Goschler, Constantin: Der Fall Philipp Auerbach. Wiedergutmachung in Bayern, in: Herbst, Ludolf/Goschler, Constantin: Wiedergutmachung in der Bundesrepublik Deutschland, München 1989, S. 92.

[2] Siehe für das Folgende: Weismann, Ernest H.: Die Nachfolgeorganisationen, in: Biella, Friedrich u.a. (Hg.): Das Bundesrückerstattungsgesetz, München 1981, S. 725 ff.

[3] Zit. nach: Segev, Tom: Die siebte Million. Der Holocaust und Israels Politik der Erinnerung, Hamburg 1995, S. 298. Hier auch eine ausführliche Darstellung der Auseinandersetzung.

[4] Das Gold der verfolgten Juden, München/Zürich 1997, im Original: Hitler's Silent Partners. Swiss Banks, Nazi Gold and the Crusade for Justice, Toronto/New York 1997.

[5] »Das Abkassieren der Schweiz und Deutschlands ist nur ein Vorspiel für das große Finale gewesen: Jetzt wird auch Osteuropa abkassiert.« Diese Darstellung Finkelsteins (Die Holocaust-Industrie, München 2001, S. 135) ist falsch. Begonnen hatten die Verhandlungen in Osteuropa, sie waren jedoch weniger spektakulär. Sie gingen allerdings auch nur sehr schleppend vonstatten, so daß zum Beispiel erst Anfang 2001 erste Ergebnisse für Polen vorliegen, über die in der Presse zu lesen ist. Das mag den Eindruck hervorrufen, dieser Verhandlungskomplex sei zeitlich nachgeordnet.

[6] »Die Vorgehensweise der WJRO stört das prekäre Gleichgewicht, das diese Gemeinden mit lokalen Behörden schaffen mußten (...).« Vincent, Gold, S. 300.

[7] Siehe den Beitrag »Der jüdische Kronzeuge«, S. 121 f.

[8] Finkelstein, Holocaust-Industrie, S. 93.

[9] Finkelstein, Holocaust-Industrie, S. 131 ff.

[10] Vorschnelle Begeisterung. Süddeutsche Zeitung, 18.8.2000.

[11] NS-Zwangsarbeiter können jetzt ihre Anträge stellen. Frankfurter Rundschau, 20.2.20001.

[12] Finkelstein, Holocaust-Industrie, S. 129. Siehe hierzu auch den Beitrag von Ulrike Winkler.

[13] Siehe u.a. Kuczynski, Thomas: Entschädigungsansprüche für Zwangsarbeit im »Dritten Reich«, in: Winkler, Ulrike: Stiften gehen. NS-Zwangsarbeit und Entschädigungsdebatte, Köln 2000, S. 170-185.

[14] Ebd.

[15] Siehe hierzu die Dokumentation des Luxemburger Abkommens und den Beitrag »Der jüdische Kronzeuge« von Rolf Surmann.

[16] Dokumentation, S. 67 f.

[17] Finkelstein, Holocaust-Industrie, S 90f.

Ulrike Winkler

Beistand für deutsche Schuldner

Finkelstein und die Kontroverse über
die Entschädigung von NS-Zwangsarbeit

Prolog

»Deutsche Unmutsäußerung. Der Verhandlungsleiter der deutschen Wirtschaft für eine Einigung über die Entschädigung von NS-Zwangsarbeitern, Manfred Gentz, hat sich vor kurzem in Frankfurt an [sic] einer Veranstaltung der Atlantik-Brücke dezidiert kritisch geäußert. Das Verhalten der amerikanischen Kläger habe in den vergangenen Jahren bisweilen gezielt Drohcharakter angenommen, insbesondere gegen einzelne deutsche Unternehmen, die großes Vermögen in den USA haben, aber auch gegen Banken und Versicherungen. Die Eingriffe der amerikanischen Gliedstaaten und das Mittel der Sammelklage seien angesichts der wirtschaftlichen Verflechtungen so gefährlich für die deutschen Unternehmen gewesen, daß man gar keine andere Wahl gehabt habe, als sich 1998 zu einer gemeinsamen Aktion, einer Stiftungsinitiative, zu entschließen.«[1]

Diese Opferpose deutscher Schuldner von Zwangsarbeiterlöhnen bedarf einer Legende.

1. Finkelsteins Thesen zur bisherigen deutschen Entschädigungspraxis für Zwangsarbeit

Die in Finkelsteins Buch »The Holocaust Industry«[2] dargelegten Thesen zu Arbeitsinhalten und Arbeitsweise einiger großer jüdischer Organisationen, insbesondere der Conference on Jewish Material Claims Against Germany (nachfolgend: Claims Conference), wurden - obwohl bis dahin nur in englischer Sprache vorliegend – bemerkenswert breit von verschiedenen deutschen Medien rezipiert.[3]

Besonders schwer wogen Finkelsteins Ausführungen zur angeblich unseriösen und Deutschland »ausnehmenden« Verhandlungsstrategie der Claims Conference während der jüngsten Auseinandersetzungen um die Entschädigung von NS-Zwangsarbeiterinnen und NS-Zwangsarbeitern.

Finkelstein kritisiert die »Holocaust-Industrie«[4], die darauf insistiere, daß Deutschland die »moralische und die juristische Verpflichtung habe, ehemalige jüdische Sklavenarbeiter zu entschädigen«.[5] Stuart E. Eizenstat, Staatssekretär im US-Handelsministerium und Beauftragter Clintons in der Schweizer Raubgold-Affäre, habe darum gebeten, daß »diesen Sklavenarbeitern in den letzten ihnen verbleibenden Lebensjahren ein gewisses Maß an Gerechtigkeit zukommen solle«.[6]

»Die Claims Conference hat den Ruf Deutschlands in der Kompensationsfrage in den USA verfälscht, indem sie behauptete, die Sklavenarbeiter hätten von Deutschland niemals eine Kompensation erhalten.«[7] Das Gegenteil sei jedoch der Fall. Die deutsche Regierung habe ehemaligen jüdischen Zwangsarbeitern Entschädigungen für »Freiheitsentzug« und »Schaden an Leib und Leben« gezahlt. Und dies sogar freiwillig, denn Deutschland sei während des Kalten Krieges schnell rehabilitiert und der Holocaust sei »vergessen« worden.[8] Trotzdem habe Deutschland zu Beginn der 1950er Jahre mit jüdischen Institutionen verhandelt und Schadenersatzvereinbarungen unterzeichnet. Mit »wenig bis gar keinem äußerem Druck« habe Deutschland bis heute »ungefähr 60 Milliarden Dollar« bezahlt.[9]

Die Claims Conference habe deshalb Deutschland jetzt zu Zahlungen gezwungen, die es bereits geleistet habe, denn es habe in der Vergangenheit schon einmal Verhandlungen über die Entschädigung von Zwangsarbeitern gegeben: »Die gleichen Verhandlungen wie heute, mit den gleichen Leuten.«[10]

Die deutsche Industrie sei während der jüngsten Entschädigungsverhandlungen gleichsam erpreßt worden. Das Mittel hierzu seien neben dem Instrument der »class actions« (Sammelklagen) und Anzeigenkampagnen von der Claims Conference publizierte falsche Zahlen von jüdischen NS-Überlebenden gewesen. Diese seien maßlos überhöht worden.

Das bereits zuvor von Deutschland und anderen europäischen Staaten entrichtete Geld sei für »Lieblingsprojekte« der Claims Conference ausgegeben worden, anstatt daß es den Opfern zugute gekommen sei. Dieses Vorgehen sei als »Doppeltes Abkassieren« (»The Double Shakedown«, 3. Kapitel) zu qualifizieren: »Von europäischen Regierungen eignet sie [die Claims Conference, U.W.] sich ebenso widerrechtlich Geld an wie von den tatsächlichen Überlebenden der Nazi-Verfolgung.«[11] Die Claims Conference verhalte sich zudem nicht nur wie weiland die Judenräte unter der Nazi-Herrschaft, sondern sie führe deren Arbeit sogar noch fort.[12]

2. Die bisherige deutsche Entschädigungspraxis für NS-Zwangsarbeit

Wie sah nun die deutsche Entschädigungspraxis für NS-Zwangsarbeit in den letzten Jahrzehnten tatsächlich aus?

Um eventuellen Forderungen von NS-Verfolgten, darunter auch Millionen ZwangsarbeiterInnen, schon im Vorfeld zu begegnen, setzte die damalige Bundesregierung mit dem Londoner Schuldenabkommen 1953 eine fast nicht zu überwindende rechtliche Hürde. Sie nutzte dabei die Bereitschaft der westlichen Alliierten, im Zeichen des eskalierenden »Kalten Krieges« der deutschen Seite in finanzieller Hinsicht entgegenzukommen.

In Art. 5 Abs. 2 dieses Abkommens wurde vereinbart, daß »Forderungen von Staatsangehörigen dieser Staaten [ehemalige westliche Kriegsgegner und besetzte Länder, U.W.] gegen das Reich und im Auftrage des Reichs handelnde Stellen oder Personen ...« unter das Reparationsrecht subsumiert werden sollen. Die Wirksamkeit dieses Rechts wurde allerdings an das Zustandekommen eines Friedensvertrages zwischen Deutschland und seinen ehemaligen Kriegsgegnern geknüpft. Für Hermann J. Abs, den damaligen Verhandlungsführer, »der größte Coup«.

Damit erreichte die Bundesregierung für sich und die deutsche Industrie einen jahrzehntelangen Zahlungsaufschub, der zudem sicherstellte, daß sich das »Problem« der Zwangsarbeiterinnen und Zwangsarbeiter durch Todesfälle nach und nach verringerte.

Wie verteilte sich die von Finkelstein erwähnte Summe von »ungefähr 60 Milliarden Dollar«, umgerechnet etwa 110 Milliarden DM (je nach aktuellem Wechselkurs), die Deutschland bereits als Entschädigung gezahlt hat?[13]

Soweit bundesdeutsche Entschädigungsregelungen existierten (Bundesergänzungsgesetz 1953; Bundesentschädigungsgesetz 1956; Bundesentschädigungsschlußgesetz 1965), berücksichtigten diese lediglich jene Antragsteller, die aus rassischen, politischen, weltanschaulichen oder religiösen Gründen verfolgt und geschädigt worden waren.

Das bedeutete, daß über Jahrzehnte hinweg NS-Verfolgte wie Deserteure, Zwangssterilisierte oder Sinti und Roma – die sogenannten »vergessenen Opfer« – von Leistungen durch die deutsche Entschädigungsgesetzgebung ausgeschlossen waren. Je nach politischer Opportunität wurden ihnen geringe einmalige Zahlungen zugestanden, oftmals jedoch nur nach jahrelangem, insbesondere außerparlamentarischem Druck.

Geleistete Zwangsarbeit stellte ebenfalls keinen entschädigungswürdigen Tatbestand dar.

Sofern jedoch NS-Verfolgte nach der Präambel des Bundesentschädigungsgesetzes entschädigungsberechtigt waren und Zwangsarbeit hatten leisten müssen, konnten sie u.U. Entschädigungszahlungen für erlittenen Freiheitsentzug und für gesundheitliche Schäden nach dem BEG beantragen. Dies galt nicht für vorenthaltenen Lohn, um den es ja im Kern bei dieser Auseinandersetzung geht.

Falls sich Überschneidungen bei Leistungen ergeben, werden entsprechend dem Begleitgesetz zur Stiftung bereits erhaltene Zahlungen auf die vereinbarten Pauschalbeträge angerechnet.

Da die genannten Gesetze außerdem die Erfüllung weiterer Kriterien, etwa einen Wohnsitz in Deutschland oder eine »räumliche« Nähe zur Bundesrepublik verlangten bzw. Stichtagsvoraussetzungen vorschrieben, konnte schon insofern die Mehrzahl ehemaliger ZwangsarbeiterInnen keine Rechtsansprüche für sich ableiten. Die sog. »Diplomatische Klausel« schließlich schloß all jene potentiellen AntragstellerInnen in Ländern aus, mit denen Deutschland keinen diplomatischen Umgang pflegte, also die große Masse der zum »Reichseinsatz« verschleppten Menschen aus Osteuropa.

Aufgrund dieser restriktiven deutschen Entschädigungsgesetzgebung erhielten schließlich – um einen Anhaltspunkt für das Verteilungsverhältnis zu geben – ca. 10 Prozent der NS-Verfolgten ungefähr 90 Prozent der Zahlungen. Die große Masse der Verfolgten mußte sich die restlichen 10 Prozent der verbleibenden Leistungen teilen.

Die »60 Milliarden Dollar« umfaßten weiterhin auch die von Deutschland im Rahmen des Luxemburger Abkommen zugesagten Leistungen. In diesem Abkommen wurde u.a. festgelegt,[14] daß Israel, dessen Bevölkerung zu dieser Zeit zu 2/3 aus Holocaust-Überlebenden bestand, Warenlieferungen im Wert von 3 Milliarden DM erhalten werde. Deutschland stellte also bspw. landwirtschaftliche Erzeugnisse, Erzeugnisse der Eisenindustrie, Dienstleistungen usw. zur Verfügung, leistete jedoch keine individuellen Entschädigungen.[15] Die genannten Leistungen stellten also lediglich eine gewisse Beteiligung an den enormen Kosten dar, die dem Staat Israel durch die Aufnahme der überlebenden Juden und Jüdinnen erwachsen waren.

Im Zuge dieser Abmachungen erhielt die Claims Conference 450 Millionen DM, um die Unterstützung, Eingliederung und Ansiedlung jüdischer NS-Opfer, die außerhalb Israels lebten, zu ermöglichen. Auch diese Zahlungen waren grundsätzlich nicht als individuelle Entschädigung in Form von Geldleistungen gedacht, schon gar nicht für geleistete Zwangsarbeit.

Die Bundesregierung wurde zusätzlich beauftragt, 50 Millionen DM für jene Menschen bereit zu stellen, die aufgrund der Nürnberger »Rassegesetze« von 1935 als Juden verfolgt worden waren, sich selbst jedoch nicht als Juden verstanden. »Orthodoxe Kreise innerhalb der Claims Conference« hatten deren Betreuung »strikt abgelehnt«.[16]

Ein weiterer Aspekt waren die vergeblichen Bemühungen ehemaliger jüdischer und nichtjüdischer ZwangsarbeiterInnen, auf dem Klageweg eine Entschädigung, insbesondere für säumige Lohnzahlungen, zu erreichen. Als symptomatisch für die deutsche Rechtsprechung ist die Entscheidung des Bundesgerichtshof vom 7.12.1960 im Fall eines ehemaligen polnischen Zwangsarbeiters zu nennen. Dessen Klage wurde negativ beschieden. Begründet wurde die Abweisung mit dem Hinweis, daß das Motiv der deutschen Behörden nicht gewesen sei, den Kläger mit NS-typischem Unrecht zu überziehen, sondern dem Arbeitskräftemangel im eigenen Land entgegenzuwirken.

Es war also in der Vergangenheit keineswegs so, daß auf staatlicher Ebene (auch nicht in der ehemaligen DDR) Entschädigungen für geleistete Zwangsarbeit gezahlt wurden.

Die Weigerung, für entgangenen Lohn zu entschädigen, war vielmehr konstituierendes Moment der deutschen »Wiedergutmachung«. Indem Finkelstein Leistungen für Schäden an Leib und Leben bzw. für erlittene

Haft als »Entschädigungen für NS-Sklavenarbeiter« bezeichnet, unterschlägt er die nach wie vor ausstehende Kompensation für entgangenen Lohn.

Auch auf der Seite der Privatwirtschaft kann eine fast ausschließlich ablehnende Haltung konstatiert werden. Beispielhaft sei hier der vergebliche Versuch der Claims Conference genannt, in den 1960er und 1970er Jahren eine Entschädigung für jüdische ZwangsarbeiterInnen bei der Dynamit Nobel AG auf dem Verhandlungswege zu erreichen.

Der Hauptaktionär der Dynamit Nobel AG, Friedrich Flick, »angeblich der fünftreichste [Mann] in der ganzen Welt ..., ging ins Grab, ohne den jüdischen KZ-Insassen einen Pfennig gezahlt zu haben«.[17] Erst nach dem Verkauf von Dynamit Nobel Aktien an die Deutsche Bank durch den Erben Flicks, erhielt die Claims Conference »aus humanitären Gründen«[18] eine Summe von 5 Millionen Mark, um diese an die ehemaligen jüdischen ZwangsarbeiterInnen der Dynamit Nobel zu verteilen.

Ergingen ausnahmsweise Zahlungen von Firmen an ehemalige ZwangsarbeiterInnen, so waren diese stets mit dem Hinweis begleitet, daß es sich um freiwillige Leistungen aufgrund einer »moralischen Verantwortung« handele. Folgerichtig wurden »Humanitäre Hilfsfonds« oder, wie jetzt, eine Stiftung »Erinnerung, Verantwortung, Zukunft« eingerichtet. Eine rechtliche Anerkennung und damit ein einklagbarer Rechtsanspruch der ausländischen Arbeitskräfte wurde stets verneint.

In den darauf folgenden Jahren stießen Versuche, eine umfassende und systematische Zwangsarbeiterentschädigung zu erreichen, auf eine »Mauer von Desinteresse und Ablehnung«, wie Ulrich Herbert zu Recht feststellte.[19]

Auch hier wieder ein bezeichnendes Beispiel: 1986 forderte das Europäische Parlament »den Deutschen Bundestag, die Bundesregierung und auch die deutsche Industrie [auf], eine Initiative zugunsten der Opfer von NS-Zwangsarbeit zu ergreifen«.[20] Die damalige Bundesregierung zog aus diesem Aufruf keine faktischen Konsequenzen. Den im Februar 1994, also 8 Jahre später, von allen damaligen Fraktionen erteilten Auftrag[21], »auf die deutsche Industrie einzuwirken, damit diese ihre historische Pflicht gegenüber denjenigen Opfern erfüllt, die bei diesen Firmen als Zwangsarbeiter eingesetzt waren«, lehnte sie mit dem Hinweis auf die begrenzte finanzielle Belastbarkeit der deutschen Industrie und den drohenden Verlust von Arbeitsplätzen ab.[22]

Die schließlich im Zuge der deutschen Wiedervereinigung in den 1990er Jahren installierten Versöhnungsstiftungen in Polen, Belorußland, Rußland und der Ukraine sehen ebenfalls keine Entschädigungszahlungen für vorenthaltenen Lohn vor.

Nach alledem ist festzustellen, daß, entgegen Finkelsteins Behauptungen, weder die Bundesrepublik Deutschland noch die deutsche Wirtschaft bislang umfassend oder systematisch eine Entschädigung vorenthaltenen Zwangsarbeiterlohnes geleistet haben.

3. Die jüngsten Verhandlungen zur Entschädigung von NS-Zwangsarbeit

Für Finkelstein stehen die jüngsten Verhandlungen mit Deutschland an zweiter Stelle einer Serie, die in der Schweiz begonnen habe und die nun fortgesetzt werde. Finkelstein: »Und tatsächlich, ermutigt durch den Erfolg, die Schweiz ausgenommen zu haben, beeilte sich die Holocaust Industrie schnell damit, den Rest Europas zu testen. Der nächste Halt war Deutschland.«[23]

Hier spielt Finkelstein insbesondere auf die, 1993 im Auftrag Israels und des World Jewish Congress gegründete, »World Jewish Restitution Organisation« (WJRO) an. Deren Engagement für die weltweite Rückerstattung jüdischen Eigentums und Vermögens rückt Finkelstein in die Nähe einer »jüdischen Weltverschwörung«: Nachdem die Schweiz »in die Knie gegangen sei«[24], sei die »Kapitulation«[25] Deutschlands lediglich das »Vorspiel für das große Finale«[26], die »Ausbeutung Osteuropas«[27], gewesen.[28]

Tatsächlichen Anstoß zur Einrichtung eines deutschen Fonds für ehemalige Zwangsarbeiterinnen und Zwangsarbeiter gaben die Auseinandersetzungen in der Schweiz um nachrichtenlose Konten und die Feststellung, daß nicht nur Schweizer Banken, sondern auch die Deutsche Bank sowie die Dresdner Bank mit »Raubgold« gehandelt hatten.[29] Weiterhin wurde bekannt, daß neben Schweizer Versicherungsgesellschaften auch der deutsche Allianzkonzern Prämien zurückbehalten hatte und sich seit Ende März 1997 mit Gerichtsklagen konfrontiert sah.

Nach dem Mitte August 1998 erzielten Vergleich zwischen den Schweizer Banken, jüdischen Organisationen und amerikanischen Sammelklägern in Höhe von 1,25 Milliarden Dollar wurden die Forderungen nach einer bundesdeutschen Entschädigung ehemaliger Zwangsarbeiter und Zwangsarbeiterinnen lauter.[30] Der damalige Bundeskanzler Helmut Kohl lehnte einen entsprechenden Entschädigungsfonds jedoch ab. Die »Wiedergutmachungskasse«, so Kohl, werde nicht mehr geöffnet werden.[31]

Deutschland und die deutsche Wirtschaft sahen sich aber in der Folge mit der Tatsache konfrontiert, daß öffentlicher und juristischer Druck, verbunden mit dem Risiko massiver finanzieller Einbußen, auf sie ausgeübt wurde.

Ganzseitige Anzeigen in amerikanischen Tageszeitungen begleiteten die Sammelklagen in den USA gegen Siemens, Ford, Bosch, Volkswagen u.a. Sie zeigten bspw. den SS-Arzt Mengele mit dem Text: »Bayers größter Kopfschmerz«.

Weitere Interventionen folgten, denen sich die Bundesregierung und auch die deutsche Wirtschaft nicht mehr verschließen konnten: Ein offener Brief von 45 US-Kongreßabgeordneten vom 2.10.1998 an den neu gewählten deutschen Bundeskanzler Schröder beklagte, daß die Praxis deutscher Behörden bei der Prüfung von Opferanträgen zu wünschen übrig lasse. Anträge würden zumeist abgelehnt bzw. berechtigte Ansprüche mit einer Pauschalsumme abgegolten. Bundeskanzler Schröder wurde gebeten, »dieser Angelegenheit umgehend [seine] Aufmerksamkeit zu schenken«.[32]

Auch Initiativen in Deutschland selbst, wie etwa die der Interessengemeinschaft ehemaliger Zwangsarbeiter mit ihrem Sprecher Alfred Hausser oder der offene Brief der Redaktion der »Blätter für deutsche und internationale Politik«[33] und ihrer LeserInnen an den Deutschen Bundestag, insistierten auf sofortigem Handeln zugunsten der ehemaligen ZwangsarbeiterInnen.

Zu guter Letzt waren mittlerweile auch bei vielen deutschen Arbeits- und Landgerichten zahlreiche Klagen anhängig. Alleine beim Arbeitsgericht Stuttgart klagten 300 einstige ZwangarbeiterInnen gegen ihre damaligen Beschäftigungsbetriebe.[34]

Die rot-grüne Koalitionsvereinbarung vom 20. Oktober 1998 sah schließlich vor, daß »... unter Beteiligung der deutschen Industrie eine Bundesstiftung ›Entschädigung für NS-Zwangsarbeit‹ auf den Weg gebracht« werden sollte.

Ab Januar 1999 begannen die, zunächst unter Leitung des damaligen

Kanzleramtsministers Bodo Hombach, später dann von Otto Graf Lambsdorff geführten Verhandlungen.[35] Die inhaltliche Qualität der monatelangen, mehrfach vor dem Scheitern stehenden Verhandlungen lassen Zweifel an dem von Finkelstein konstatierten »historischen Verantwortungsgefühl der rot-grünen Koalition«[36] aufkommen – in mehrfacher Hinsicht.

So wurde von deutscher Seite zunächst versucht, einen »Separatfrieden« mit der »jüdischen Seite« zu schließen, um dann endlich den »Schlußstrich« ziehen zu können. Diese Absicht scheiterte am engagierten Einsatz eines – im Kontext dieses Aufsatzes sei der Hinweis erlaubt – jüdischen Anwaltes (Michael Hausfeld), der immer wieder die Forderungen der ost- und mitteleuropäischen ehemaligen ZwangsarbeiterInnen in die Verhandlungen einbrachte und so schließlich verhinderte, daß deren Rechte erneut übergangen wurden.[37]

Ergänzt wurde dieser Versuch einer Aufspaltung der Opfergruppen durch die sich bereits im 1. Stiftungsentwurf manifestierende deutsche Deutungsmacht über die Opfer. Der Entwurf wurde – ohne Einbeziehung der Vorstellungen der anderen Verhandlungsteilnehmer – im November 1999 vom Bundesfinanzministerium präsentiert. Leider führte die beibehaltene Differenzierung der ehemaligen ZwangsarbeiterInnen nach Länder- und Opfergruppen und dem damit verbundenen entschädigungsfähigen Leid zur – wahrscheinlich endgültigen – Ausgrenzung ganzer Opfergruppen, etwa zwangsarbeitender Sinti und Roma aus Ex-Jugoslawien, KZ-Häftlingen aus westeuropäischen Ländern oder Hausgehilfinnen aus Osteuropa. Sie firmieren im Verhandlungsjargon bezeichnenderweise als »Rest der Welt« und werden den eventuell verbleibenden Rest der Stiftungsgelder erhalten.

Die Höhe der Entschädigungssumme (und später deren Erbringung sowie die geplante Verteilung) bildete jedoch den eigentlichen Hauptpunkt der Auseinandersetzungen. Über Monate hinweg konnte man sich nicht auf ein Gesamtentschädigungsvolumen einigen. Selbst der anfangs diskutierte geringe Betrag von 2,5-3 Milliarden DM wurde von Bundeskanzler Gerhard Schröder als »wenig realistisch«[38] bezeichnet. Schröder sprach in diesem Fall für die deutsche Wirtschaft, denn die rot-grüne Bundesregierung lehnte zu diesem Zeitpunkt (Anfang 1999) noch eigene Zahlungen in den Stiftungsfonds ab.

Hinzu kam das stetige Eintreten des Bundeskanzlers für den Schutz der deutschen Wirtschaft[39] vor rechtlich relevanten Forderungen der Opfer.

Beistand für deutsche Schuldner

Die geforderte »Rechtssicherheit für deutsche Unternehmen im Ausland« wurde gleichsam zur immer wiederkehrenden Formel während der Verhandlungen. Die Verknüpfung der Entschädigungszahlungen mit eigenen (deutschen) Forderungen an die Opfer wurde in Politik, Wirtschaft und Öffentlichkeit als Selbstverständlichkeit bewertet und nur vereinzelt kritisch hinterfragt.

Versuche von Seiten der rot-grünen Bundesregierung, innerhalb der deutschen Bevölkerung um Verständnis für die berechtigten Forderungen der ehemaligen ZwangsarbeiterInnen zu werben, waren kaum wahrnehmbar. Diese war im Oktober 1999 zu immerhin 26,7 % der Meinung, daß 6 Milliarden DM – die damalige Verhandlungssumme – für ehemalige ZwangsarbeiterInnen »zuviel« seien.[40]

Auch die von der deutschen Wirtschaft verlangten Beträge wurden von dieser stets als unzumutbar bezeichnet, was die Bundesregierung wiederum veranlaßte, eine teilweise steuerliche Rückerstattung der eingebrachten »Solidaritätsleistungen« zuzusagen.

Endlich ist zu fragen, welches »historische Verantwortungsbewußtsein« Mitglieder der deutschen Verhandlungsdelegation besaßen, wenn Finkelstein Folgendes berichten kann: »Während der Verhandlungen über die Entschädigung von Zwangsarbeitern traf ich mich privat mit einem Mitglied der deutschen Delegation, einem Mann mit untadeligen moralischen Referenzen. Einige Stunden lang verteidigte er die Claims Conference ebenso vehement, wie ich sie anprangerte. Doch beim Abschied drehte er sich noch einmal um und sagte: ›Ich will ehrlich sein. Auf unserer Seite haben wir alle das Gefühl, daß wir erpreßt werden.‹«[41]

Diese Diktion fügt sich allerdings zu Finkelsteins Urteil. So wurden nach seiner Sicht die Anzeigen in der amerikanischen Tagespresse von der »Holocaust-Industrie« gestartet, um »eine öffentliche Hysterie gegen Deutschland zu entfachen«.[42] Daß die Opferorganisationen nach den vielfach gemachten Erfahrungen, etwa des »Katz-und-Maus-Spiels« der Dynamit Nobel AG (Benjamin B. Ferencz), und angesichts des fortgeschrittenen Alters der ehemaligen ZwangsarbeiterInnen, politischen, wirtschaftlichen und juristischen Druck entwickelten, ist für ihn inkriminierend.

Die von Finkelstein gegenüber den jüdischen Opferorganisationen und Interessenvertretern erhobenen Anschuldigungen und Vorwürfe lassen sich im einzelnen kaum nachvollziehen.

Ohne das Engagement dieser Institutionen jedenfalls wären die noch lebenden Opfer auf die Einsicht und die Reue der rechtlichen bzw. moralischen Schuldner ihrer Entschädigung angewiesen. Und darauf haben sie schließlich lange genug vergeblich gewartet. Dies gilt für die Entschädigungsbereitschaft der Schweizer Banken ebenso wie für die der deutschen Wirtschaft.[43]

3.1. Das Abkommen

Die »Einigung« auf 10 Milliarden DM, die Mitte Dezember 1999 erreicht wurde, kam nur unter der Prämisse zustande, daß die Opfer ihre gerichtlichen Klagen zurückziehen, also auf ihre individuellen materiell-rechtlichen Ansprüche für immer verzichten. Die deutsche Regierung setzte außerdem durch, daß die in den USA anhängigen Klagen dort aufgrund eines »Statement of Interest«[44] abgewiesen werden sollten. Anderenfalls würde es überhaupt keine Entschädigungsleistungen geben.

Bislang wurden alle Klagen zur Zwangsarbeit abgewiesen bzw. die KlägerInnen zogen vereinbarungsgemäß ihre Anträge zurück – und warten immer noch auf die ihnen zustehende Entschädigung.

Für die deutsche Wirtschaft waren die nun vereinbarten 10 Milliarden DM (von denen lediglich 8,1 Milliarden DM den ehemaligen ZwangsarbeiterInnen zugute kommen sollen)[45] ein äußerst günstiges Ergebnis.

Denn der Wirtschaftswissenschafter Thomas Kuczynski etwa berechnete im Auftrag der Opferanwälte Edward Fagan, Robert Swift und Michael Witti Lohnforderungen der lebenden und auch bereits verstorbenen ZwangsarbeiterInnen (also damit für deren Erben) in Höhe von 180 Milliarden DM.[46] Bezeichnenderweise fand dieses Gutachten keine weitere Berücksichtigung bei den Verhandlungen.

Finkelstein erwähnt die entgangenen Löhne lediglich mit einem Satz: »Nur vorenthaltene Löhne wurden nicht formell entschädigt.«[47] Es verwundert, daß der nach eigenem Bekunden »links« stehende Finkelstein sich dieser Problematik nicht angenommen hat. Er befindet sich damit in Gesellschaft derjenigen, die den Zusammenhang zwischen dem Einsatz extrem kostengünstiger Arbeitskräfte und dem Erwirtschaften von überdurchschnittlichen Profiten bestreiten.[48]

Im übrigen, so Finkelstein, sei »die Frage, was eine faire Kompensation für ehemalige Zwangsarbeiter ausmache, eindeutig nicht zu beantworten«.[49]

Beistand für deutsche Schuldner 31

3.2. Gefälschte Opferzahlen?

Finkelstein unterstellt der Claims Conference, sie habe bezüglich der jüdischen ZwangsarbeiterInnen mit gefälschten Zahlen gearbeitet, um höhere Entschädigungszahlungen verlangen zu können.

Die »Holocaust-Industrie« sei von ca. 700.000 den Nationalsozialismus unmittelbar überlebenden jüdischen ZwangsarbeiterInnen ausgegangen, was an »Holocaust-Leugnung grenze«.[50]

In die Verhandlungen mit Deutschland habe sie die Zahl von ca. 135.000 noch lebenden ehemaligen jüdischen ZwangsarbeiterInnen eingebracht.

Nach Finkelstein, der sich insofern auf Forschungen u.a. des amerikanischen Historikers Henry Friedländer bezieht, hatten allenfalls 100.000 jüdische ZwangsarbeiterInnen Ghettos, Konzentrationslager und Sklavenarbeitslager unmittelbar überlebt.[51] Von diesen überlebenden Opfern »mögen heute noch 25.000 am Leben sein«.[52]

Tatsächlich ist die Zahl der jüdischen ZwangsarbeiterInnen, die den Nationalsozialismus 1945 überlebten, in der Forschung umstritten. Auch die Angaben zur Zahl der heute noch lebenden ehemaligen jüdischen ZwangsarbeiterInnen gehen auseinander.

Der einer Zugehörigkeit zur »Holocaust-Industrie« sicherlich unverdächtige deutsche Historiker Ulrich Herbert sieht etwa 200.000 - 300.000 jüdische ZwangsarbeiterInnen, die 1945 überlebten. Von ihnen, so Herbert, seien heute wahrscheinlich noch 130.000 - 140.000 am Leben.[53]

Finkelstein kritisiert dann in einem Zeitungsartikel an Herberts Position insbesondere die mit 30 - 40 % angeblich zu hohe Quote der angenommenen bis heute Überlebenden. Er selbst schätzt diese Quote »auf der Basis anekdotischen Beweismaterials«[54] auf ca. 25 %. Auch die Claims Conference gehe von einer ca. 25%igen Quote aus.

Der Streit um die Zahl der Überlebenden sowie um die Zahl der noch lebenden jüdischen ZwangsarbeiterInnen wird die Entschädigung vermutlich überdauern. Bei seinem gegenüber der Claims Conference erhobenen schwerwiegenden Vorwurf einer Fälschung der Opferzahlen übergeht Finkelstein jedenfalls die Tatsache, daß deren Berechnungen dem Ergebnis nach im Rahmen der im wissenschaftlichen Diskurs genannten Werte liegen. Der Direktor der deutschen Sektion der Claims Conference, Karl Brozik, etwa bemerkt zu Finkelstein, daß »wir eher 150.000 Namen auf den Tisch legen« werden.[55]

Dabei nimmt es Finkelstein selbst mit der historischen Recherche offensichtlich nicht allzu genau: So übergeht er jene den Holocaust überlebenden jüdischen ZwangsarbeiterInnen, die zum Zeitpunkt ihrer Befreiung weder in Ghettos noch in Konzentrations- oder Sklavenarbeitslagern interniert waren. Dies betrifft etwa ungarische jüdische ZwangsarbeiterInnen, die, zum Teil schon auf dem Wege nach Auschwitz, aussortiert und in Arbeitskommandos zusammengefaßt wurden und Zwangsarbeit leisten mußten. Auf die bereits ausgehandelte Summe bzw. die individuellen Auszahlungsbeträge wird sich die Kontroverse über die genaue Zahl der überlebenden ehemaligen ZwangsarbeiterInnen allerdings im übrigen nicht mehr auswirken.

Auch wenn das Ergebnis der Entschädigungsverhandlungen hinter berechtigten Erwartungen blieb: Die Claims Conference, die anderen beteiligten Organisationen und ihre Anwälte erreichten Zahlungszusagen für einen großen Teil der noch lebenden ehemaligen ZwangsarbeiterInnen. Daß sich dieser Erfolg auch auf andere, nichtjüdische Opfer des »Reichseinsatzes« erstreckt, bleibt bei Finkelstein unerwähnt.

3.3. Welche Rolle spielte die Claims Conference bei der Verteilung von Entschädigungsgeldern?

Finkelstein vertritt die Auffassung, die deutsche Wirtschaft und Deutschland müßten nun für etwas zahlen, was schon längst beglichen, den Bedürftigen jedoch vorenthalten worden sei. Denn, so resümiert er, »jene Sklavenarbeiter, die keine Kompensation erhielten, verdanken das der Tatsache, daß die Claims Conference Gelder für eigene Lieblings-Projekte verschwendet hat«.[56]

Daher fordert er, daß die »Claims Conference unter keinen Umständen berechtigt werden [darf], die Opfer der Nazi-Verfolgung zu repäsentieren«[57]. Denn »die Fakten sind einfach: der Ruf der deutschen Regierung beim Verteilen der Kompensationsgelder war hervorragend. Sie können über die Deutschen sagen, was Sie wollen. Meine Eltern haßten die Deutschen, sie haben niemals ein gutes Wort über einen Deutschen zu sagen gehabt. Aber mein Vater, der seine Kompensation von Deutschland erhielt, hat niemals ein einziges Wort der Beschwerde über die deutsche Regierung verloren. Meine Mutter sollte über die Jewish Claims Conference kompensiert werden. Sie bekam nichts.«[58]

Allerdings erhielt Frau Finkelstein, eine Überlebende des Warschauer Ghettos und des KZ Majdanek sowie ehemalige Zwangarbeiterin in Tschenstochau und Skarsysko-Kamiena, von der deutschen Regierung eine einmalige Entschädigung in Höhe von 3.500 Dollar.[59]

Die im Zuge des Luxemburger Abkommens ausgehandelte Summe von 450 Millionen Mark, die der Claims Conference zur Verfügung stand, wurde vertragsgemäß zum Aufbau sog. überindividueller Strukturen, z.b. Altenheime, Synagogen, Kindergärten usw., sowie zur individuellen Unterstützung jüdischer NS-Opfer, z.B. in Form von Rehabilitationsprogrammen, eingesetzt.[60]

Dabei sollten insbesondere jene jüdischen NS-Opfer bedacht werden, die entweder keine oder nur geringe Leistungen nach dem deutschen Entschädigungsrecht erhalten hatten. Es ist daher nicht auszuschließen, daß Frau Finkelstein aufgrund der genannten deutschen Einmalzahlung nicht weiter anspruchsberechtigt war.

Im Zusammenhang mit der Höhe der Entschädigungszahlung an seine Mutter berichtet Finkelstein, daß »andere jüdische Opfer, viele seien gar keine Opfer gewesen, lebenslange Renten in Höhe von einigen hunderttausend Dollar von Deutschland erhalten haben«.[61]

Er rechnet hier die damals gezahlten Renten bzw. Entschädigungen in ihren heutigen Wert um. Karl Brozik wies, zu diesem Sachverhalt befragt, berechtigterweise darauf hin, daß solche Berechnungen vollkommen sinnlos seien, weil die Bedürftigen das Geld in den 1950er Jahren gebraucht und auch erhalten hätten.[62]

Finkelsteins Berechnungen, so Brozik, seien »demagogisch«, weil sie Zahlungen suggerierten, die nie von Deutschland geleistet worden seien. Er illustriert dies an einem Beispiel aus einem anderen Zusammenhang: »Meine Entschädigung für einen Tag Auschwitz ... hat fünf Mark betragen. Wenn ich die Kaufkraft zum Zeitpunkt meiner Entschädigung in den 70er Jahren ... vergleiche, dann habe ich nicht fünf Mark bekommen, dann hätte ich 1952 nur 34 Pfennig pro Tag bekommen.«

Als angebliche »Lieblings-Projekte« der Claims Conference sind bspw. die angesehene Forschungs- und Gedenkstätte Yad Vashem in Jerusalem, das Centre de Documentation Juive Contemporaine in Paris oder die Wiener Library in London zu nennen.[63]

Deren Unterstützung steht im übrigen in keinem Gegensatz zu den 1952 mit Deutschland getroffenen Vereinbarungen. Im Gegenteil: Der

(Wieder-)Aufbau wissenschaftlicher und erzieherischer Einrichtungen war ausdrücklich vorgesehen.[64]

3.4. Handelte die Claims Conference wie ein Judenrat?

Um seine Thesen zur angeblichen Unredlichkeit der Claims Conference zu stützen, zitiert Finkelstein das Knessetmitglied Michael Kleiner von der Herut-Partei, der die Claims Conference als »eine unehrenhafte Körperschaft«[65] bezeichnete, »die sich selbst mit professioneller Heimlichtuerei« leite und »befleckt [sei] von übler öffentlicher und moralischer Korruption.« Sie sei wie ein Judenrat, »der die Arbeit der Nazis auf andere Weise« fortführe.

Mit der Bezugnahme auf die Judenräte löst Finkelstein eine heikle und das jüdische Gedächtnis belastende Assoziationskette aus. Für Teile der jüdischen Bevölkerung steht die Institution des Judenrates - mehr oder weniger differenziert - für die hemmungslose Kollaboration »anerkannter jüdischer Führer« (Hannah Arendt) mit den Nationalsozialisten. Diese seien, um sich selbst und ihre Familien zu retten, quasi zu Handlangern der nazistischen Vernichtungspolitik geworden und hätten an deren Durchführung mitgewirkt.

Allerdings wird zumindest in der wissenschaftlichen Auseinandersetzung das Thema »Judenräte« inzwischen sehr viel differenzierter behandelt. Galten die Mitglieder der Judenräte insbesondere nach 1945 unisono als »feige« und unterlagen einem kollektiven Korruptionsverdacht, so wandelte sich in den letzten 30 Jahren der Blick auf sie.[66]

Die Einnahme der historischen Perspektive der Judenräte öffnet den Blick auf ihre vielfach versuchte Strategie, etwa durch Anbieten von Arbeitskräften [Ghetto Lodz[67] als herausragendes Beispiel] oder Geld, Leben zu retten und die Nationalsozialisten in ihrem Tun wenigstens zu mäßigen. Diese verzweifelten Bemühungen konnten nicht erfolgreich sein, weil ihr »Handeln auf keine korrelierende [Arbeit/Geld gegen Leben], sondern auf eine entgegengesetzte, weiterhin tödliche Rationalität«[68] der Nationalsozialisten traf.

Die in ihrer Vereinfachung unseriöse Bezugnahme auf das Thema »Judenrat« läßt vermuten, daß Finkelstein eine Emotionalisierung der Entschädigungsdiskussion betreiben möchte. Zudem verwischt er die Verantwortlichkeit für den Holocaust: Opfer werden zu Tätern. Und die Täter?

4. Resümee

Finkelsteins Behauptungen zur Entschädigung von NS-ZwangsarbeiterInnen halten einer Überprüfung anhand der historischen und der aktuellpolitischen Faktenlage nicht stand bzw. entziehen sich einer solchen. Dies gilt insbesondere dann, wenn Finkelstein die Entschädigungsbiographien seiner Eltern anspricht, denen er gleichsam den Status der Allgemeingültigkeit verleiht. Seinem Anspruch, daß »das Buch faktisch richtig sein soll«[69], entspricht er, wie dargelegt, in mehrfacher Hinsicht nicht.

Indem er die Opfer und ihre Vertreter zu Erpressern, also zu Kriminellen, macht, entschuldet Finkelstein die noch immer zahlungssäumigen Nutznießer (bzw. deren Nachfolger und Nachfahren) der millionenfach erzwungenen Arbeitsleistungen von Frauen, Männern und Kindern. Die Bundesrepublik Deutschland und ihre leistungsstarke Wirtschaft erscheinen als die eigentlichen Opfer, die vor »korrupten« Juden geschützt werden müssen. Ein rechtliches und moralisches Schuldverhältnis wird in sein Gegenteil pervertiert.

Eine solche Sichtweise ist nicht neu in diesem Land. Viele anständige Deutsche« – so vermutet Finkelstein – werden seiner These von der Erpressung Deutschlands »privat zustimmen.«[70] Mittlerweile tun sie es auch öffentlich.

Anmerkungen

[1] Neue Zürcher Zeitung vom 11.10.2000. Die »Atlantik-Brücke« ist ein gemeinnütziger, vom Bundesaußenministerium unterstützter Verein, der 1952 von dem aus dem Exil zurückgekehrten Bankier Max Warburg gegründet wurde. Seine satzungsgemäße Aufgabe ist die Förderung des »Verständnisses für Deutschland in den USA und Kanada«.

[2] Finkelstein, Norman G.: The Holocaust Industry. Reflections on the Exploitation of Jewish Suffering, London/New York 2000. (Nachfolgend: The Holocaust Industry)

[3] Siehe den Beitrag von Rolf Surmann in diesem Band.

[4] In diesem Zusammenhang folgende Begriffsklärung: Finkelstein spricht stets von zwei »Holocausts«. Neben dem historischen Geschehen, also der millionenfachen Ermordung der europäischen Juden und Jüdinnen, existiere ein, vom »Nazi-Holocaust« entfremdeter und ideologisch externalisierter »Holo-

caust«: das Reden über ihn und das Geldverdienen an ihm. Folgerichtig umfaßt in seinem Verständnis die von ihm geprägte Begrifflichkeit »Holocaust-Industrie« die Vertreter derjenigen, insbesondere jüdischen Institutionen, die den »Nazi-Holocaust« angeblich für ihre eigenen materiellen und politischen Zwecke ausbeuten. Sie sei gar eine »Bande von Schutzgeld-Erpressern«. Die Analogie zur »Vernichtungsindustrie« (der Nationalsozialisten) scheint beabsichtigt zu sein, da Finkelstein nicht auf das sonst bei solchen Auseinandersetzungen gängige Wort »Shoah-Business« zurückgreift.

[5] The Holocaust Industry, S. 122. Hier und im Folgenden handelt es sich bei den Zitaten um eine eigene Übersetzung.

[6] Ebenda.

[7] Finkelstein in einem Interview mit Thomas Spang an der City University of New York, Hunters College, am 14.9.2000. Abzurufen unter: http://www.normanfinkelstein.com/id56_m.htm

[8] »As we have seen, aligning with the United States in the Cold War, Germany was quickly rehabilitated and the Nazi holocaust forgotten.« The Holocaust Industry, S. 83 f.

[9] The Holocaust Industry, S. 84.

[10] Die Ausbeutung jüdischen Leidens, Interview mit Norman G. Finkelstein, in: Berliner Zeitung vom 29.1.2000.

[11] Finkelstein, Norman G.: Geschäft mit dem Leid?, in: Süddeutsche Zeitung vom 11.8.2000.

[12] The Holocaust Industry, S. 124.

[13] In dieser Summe sind nicht die Leistungen für »Kriegsopfer, Lastenausgleichsempfänger oder Beamte des NS-Staates« enthalten, die ebenfalls als NS-Opfer gelten. Sie erhielten im übrigen ungleich höhere Entschädigungssummen. Siehe hierzu auch: Surmann, Rolf: Trugbild. Die deutsche Entschädigungsverweigerung gegenüber den NS-Opfern, in: Winkler, Ulrike: Stiften gehen. NS-Zwangsarbeit und Entschädigungsdebatte, Köln 2000, S. 186 - 204, S. 193.

[14] Siehe hierzu im einzelnen die Dokumentation S. 64 f.

[15] Siehe für eine genaue Aufstellung: Theis, Rolf: Wiedergutmachung zwischen Moral und Interesse: eine kritische Bestandsaufnahme der deutsch-israelischen Regierungsverhandlungen, Frankfurt a. M. 1989, S. 266 f., 269.

[16] Theis, S. 235.

[17] Ferencz, Benjamin B.: Lohn des Grauens. Die verweigerte Entschädigung für jüdische Zwangsarbeiter, Frankfurt a. M./New York 1981, S. 212. Zit. nach: Vaupel, Dieter: Entschädigungsverweigerung und die Politik der Claims Conference. Das Beispiel Flick, S. 45.

[18] Zit. nach Vaupel, Dieter: »Entschädigung« von KZ-Gefangenen durch die Deutsche Industrie – Das Beispiel Dynamit Nobel, in 1999. Zeitschrift für Sozialgeschichte des 20. und 21. Jahrhunderts, Heft 1/1991, S. 28.

[19] Herbert, Ulrich: Vorschnelle Begeisterung. Ein kritikwürdiges Buch, eine nützliche Provokation: Über die Thesen Norman Finkelstins, in: Süddeutsche Zeitung vom 18.8.2000.

[20] Zit. n.: Antrag der Fraktion BÜNDNIS 90/DIE GRÜNEN vom 11.11.1997, BT-Drucksache 13/8956.

[21] BT-Drucksache 12/6725.

[22] Siehe hierzu: Antrag der Fraktion BÜNDNIS 90/DIE GRÜNEN vom 11.11.1997, BT-Drucksache 13/8956.

[23] The Holocaust Industry, S. 120.

[24] The Holocaust Industry, S. 91.

[25] The Holocaust Industry, S. 121.

[26] The Holocaust Industry, S. 130.

[27] Ebenda.

[28] In diesem Zusammenhang sei auf den militärischen Sprachgebrauch Finkelsteins hingewiesen – insbesondere dann, wenn es um das »deutsche Opfer« geht: Danach hat Deutschland nicht – spät genug – ein Gesetz zur Entschädigung ehemaliger ZwangsarbeiterInnen erlassen, sondern »kapituliert«.

[29] Siehe hierzu Surmann, Rolf: Die Schuld bleibt deutsch. Die Rolle der deutschen Banken, in: konkret, Heft 8/1998, S. 26-29.

[30] Siehe zu den Verhandlungen und Auseinandersetzungen in der Schweiz: z.B. Balzli, Beat: Die Schweiz und die Treuhänder des Reichs. Die Schweiz und die Vermögen der Naziopfer: Eine Spurensuche, Zürich 1997 und Bower, Tom: Das Gold der Juden. Die Schweiz und die verschwundenen Nazi-Milliarden, o.O. 1997.

[31] Zit. nach Schröder, Dieter: Chronologie 1945-1999, in: Surmann, Rolf/ Schröder, Dieter (Hg.). Der lange Schatten der NS-Diktatur. Texte zur Debatte um Raubgold und Entschädigung, Hamburg/Münster 1999, S. 201.

[32] Der Brief wurde in der New York Times am 2.10.2000 veröffentlicht. Auszüge sind zu finden in: Blätter für deutsche und internationale Politik, Heft 11/ 1998, S. 1301.

[33] »Offener Brief an den 14. Deutschen Bundestag, betr.: Wiedergutmachung« in: Blätter für deutsche und internationale Politik, Heft 10/1998, S. 1159 f. Ende September 1999 beschloß der Deutsche Bundestag, den »offenen Brief« der Bundesregierung und anderen Institutionen als »Material zu überweisen«, siehe: Blätter für deutsche und internationale Politik, Heft 12/1999, S. 1518 -1520.

[34] Klimpe-Auerbach, Wolf: Deutsche Zivil- und Arbeitsgerichtsbarkeit und NS-Zwangsarbeit, in: Winkler, S. 205-221, hier S. 208.

[35] Die Verhandlungen zeichneten sich nicht nur durch die Schwierigkeit des Verhandlungsgegenstandes aus. Auch die angespannte persönliche Atmosphäre zwischen den Teilnehmern erleichterte die Arbeit nicht. Siehe hierzu die anschauliche Beschreibung der Verhandlungen aus Sicht von Lothar Evers, Mitglied der tschechischen Verhandlungsdelegation: »Verhandlungen konnte man das eigentlich nicht nennen ...«, in: Winkler, S. 222-234, hier S. 228 f.

[36] Finkelstein, Norman G.: Der Bote ist der Schuldige. Verschwörungstheorien oder Tabubruch? Eine Erwiderung an meine Kritiker, in: Süddeutsche Zeitung vom 9.9.2000.

[37] Evers in Winkler, S. 242. Insofern ist Finkelsteins Behauptung, daß die »Holocaust-Industrie«, zu der er auch die »jüdischen Anwälte« zählt, lediglich »jüdische Interessen« vertreten habe, falsch.

[38] Handelsblatt vom 17.2.1999.

[39] Gemeinsame Erklärung anläßlich des Treffens der Vertreter von 12 deutschen Unternehmen mit Bundeskanzler Gerhard Schröder am 16. Februar 1999 in Bonn. Nachzulesen in: Blätter für deutsche und internationale Politik, Heft 3/1999, S. 382 f.

[40] IPOS Institut für praxisorientierte Sozialforschung, Mannheim: Repräsentative Bevölkerungs-Umfrage Oktober 1999 zur Entschädigung für Zwangsarbeiter. Presseerklärung der Stiftungsinitiative vom 25.10.1999. Abrufbar unter: www.stiftungsinitiative.de.

[41] Finkelstein in der Süddeutschen Zeitung vom 11.8.2000.

[42] The Holocaust Industry, S. 121.

[43] Auch ein aktuelles Beispiel aus Polen bestätigt die Erforderlichkeit aktiver jüdischer Opferverbände.

Nach einem jüngst vom polnischen Parlament verabschiedeten Gesetz sollen lediglich die von kommunistischer Seite vorgenommenen Enteignungen in der Zeit von 1944-1962 entschädigt werden. Unberücksichtigt soll jedoch bleiben, »daß der meiste Besitz polnischer Juden zur Zeit der deutschen Okkupation konfisziert worden war, ehe die Enteignung durch die Kommunisten stattfand«. Croitoru, Joseph: Die zweite Enteignung. Streit um das polnische Entschädigungsgesetz, in: Frankfurter Allgemeine Zeitung vom 17.1.2001. Desweiteren soll nur anspruchsberechtigt sein, wer zum 31.12.1999 im Besitz der polnischen Staatsbürgerschaft war. Das trifft jedoch auf die wenigsten der jüdischen Überlebenden aus Polen zu, da diese zumeist nach dem 2. Weltkrieg emigrierten und damit ihre polnische Staatsbürgerschaft verloren.

[44] Das amerikanische Rechtssystem kennt die Figur des »Statement of Interest«, d.h. die Regierung kann bei Gerichtsverhandlungen ein besonderes außenpo-

litisches Interesse geltend machen, das den Gerichten bestimmte Entscheidungen nahelegt.

[45] Die restlichen 1,9 Milliarden DM teilen sich wie folgt auf: 1 Milliarde DM sind für die Entschädigung von Vermögensschäden vorgesehen, 700 Millionen Mark gehen in den »Zukunftsfonds« und 200-300 Millionen wird die Verwaltung der Bundesstiftung kosten.

[46] Kuczynski, Thomas: »Entschädigungsansprüche für Zwangsarbeit im ›Dritten Reich‹ auf der Basis der damals erzielten zusätzlichen Einnahmen und Gewinne«, in: 1999. Zeitschrift für Sozialgeschichte des 20. und 21. Jahrhunderts, Heft 1/2000.

[47] »Only wages withheld were not formally compensated.« The Holocaust Industry, S. 122.

[48] Von den positiven Auswirkungen millionenfach erzwungener Arbeit auf die deutsche Nachkriegswirtschaft einmal ganz zu schweigen. Siehe hierzu: Schui, Herbert: Zwangsarbeit und Wirtschaftswunder, in: Blätter für deutsche und internationale Politik, Heft 2/2000, S. 199-203.

[49] The Holocaust Industry, S. 123. »What constitutes ›fair‹ compensation for former Jewish slave laborers is plainly an unanswerable question.«

[50] Finkelstein in der Süddeutschen Zeitung vom 9.9.2000.

[51] The Holocaust Industry, S. 81.

[52] Interview mit Finkelstein in der Berliner Zeitung vom 29.1.2000.

[53] Ulrich Herbert in der Süddeutschen Zeitung vom 18.8.2000.

[54] Finkelstein in der Süddeutschen Zeitung vom 9.9.2000.

[55] Interview mit Brozik am 1.4.2000.

[56] Interview mit Finkelstein am 14.9.2000.

[57] Ebenda.

[58] Ebenda.

[59] The Holocaust Industry, S. 85.

[60] Siehe für eine Aufstellung der Verteilung der deutschen Gelder: Theis, S. 285 ff.

[61] Ebenda.

[62] Interview mit Brozik am 1.4.2000. Nachfolgende Zitate ebenda.

[63] Theis, S. 288.

[64] Ebenda.

[65] The Holocaust Industry, S. 124. Für nachfolgende Zitate ebenda.

[66] So spiegeln die Kolloquien 1967, 1977, 1981 und 1990 sehr anschaulich den Wandel der wissenschaftlichen Einschätzung der Judenräte wider. Siehe:

Schläger (jetzt Winkler), Ulrike: Und wann wir? Die Vernichtung der ungarischen Juden und der Budapester Judenrat 1944, Köln 1996, S. 135-147. Siehe als aktuellste Arbeit zum Thema: Rabinovici, Doron: Instanzen der Ohnmacht. Wien 1938-1945. Der Weg zum Judenrat, Frankfurt a.M. 2000.

[67] »Unser einziger Weg ist Arbeit«. Das Getto in Lodz 1940-1944. Ausstellungskatalog des Jüdischen Museums in Frankfurt a. M. 1990.

[68] Schläger (jetzt Winkler), S. 148.

[69] Interview mit Finkelstein am 14.9.2000.

[70] Finkelstein in der Süddeutschen Zeitung vom 11.8.2000.

Dieter Vaupel

Entschädigungsverweigerung und die Politik der Claims Conference
Das Beispiel Flick[1]

Nach langen Verhandlungen hat sich die deutsche Industrie im letzten Jahr bereit erklärt, gemeinsam mit der Bundesregierung zehn Milliarden Mark an ehemalige Zwangsarbeiter zu zahlen. Einerseits ist es eine erfreuliche Entwicklung, daß nun – fast 55 Jahre nach dem Ende der NS-Gewaltherrschaft – einige Überlebende, die lange darauf gewartet haben, eine finanzielle Entschädigung erhalten. Andererseits ist es ein Skandal, daß dies alles so lange gedauert hat. Eine Einigung ist letztlich erst durch juristischen und politischen Druck möglich geworden. Die Angst der Unternehmen vor anstehenden Sammelklagen und wirtschaftlichen Sanktionen hat Bewegung in die Verhandlungen gebracht.

Die Claims Conference vertritt die jüdischen Sklavenarbeiter und organisiert die Verteilung der Entschädigungszahlungen. Dieser jüdischen Organisation wirft Norman Finkelstein in seinem Buch »The Holocaust Industry«[2] vor, in der Vergangenheit Entschädigungsbetrug an den ehemaligen Zwangsarbeitern begangen zu haben. Die Kritik Finkelsteins wurde inzwischen vom Direktor der Claims Conference, Karl Brozik, mit Entschiedenheit zurückgewiesen. Finkelstein sei im Unrecht, wenn er behaupte, es habe bereits 1952 ein Abkommen zwischen der Bundesrepublik Deutschland und der jüdischen Organisation über die Entschädigung von Zwangsarbeitern gegeben. Außerdem gebe es lückenlose Verwendungsnachweise über alle Mittel, die der Claims Conference bisher zugegangen seien.

Angesichts dieser Diskussion und der schwerwiegenden Vorwürfe gegen die Claims Conference ist es interessant, den Blick einmal genauer auf Verhandlungen zu werfen, die seit den 60er Jahren zwischen einzelnen Industrieunternehmen und der jüdischen Organisation über die Entschädigung der früheren Sklavenarbeiter geführt wurden. Dabei soll sowohl die Rolle der deutschen Industrie als auch die der Claims Conference »mikroskopisch« betrachtet werden. Ich wähle dafür als Beispiel die Verhandlungen mit der Dynamit Aktiengesellschaft aus, deren Hauptaktionär lange Jahre Friedrich Flick war.[3]

Die »Dynamit Aktiengesellschaft vorm. Alfred Nobel & Co« (Dynamit AG) vereinigte während der Zeit des Nationalsozialismus Dutzende verschiedener Sprengstoff- und Munitionsfabriken unter ihrer Führung. Eine Tochtergesellschaft, die »Gesellschaft mit beschränkter Haftung zur Verwertung chemischer Erzeugnisse«, kurz »Verwertchemie«, war der größte Munitionslieferant für die deutsche Armee. Tausende deutscher Zwangsarbeiter setzte die Dynamit AG in der Kriegszeit in den Werken bei der gefährlichen und gesundheitsschädigenden Produktion ein. Als ab 1943 der Strom der zivilen und kriegsgefangenen ausländischen Arbeitskräfte versiegte, wurden schließlich Gefangene aus Konzentrationslagern als letzte Arbeitskraftreserven angefordert. In mindestens 10 Dynamit AG-Fabriken kamen KZ-Gefangene zum Einsatz. Auf deren Arbeitsbedingungen sei zunächst ein Blick geworfen.

Arbeitsbedingungen bei der Dynamit AG

Die ehemalige Zwangsarbeiterin Blanka Pudler, die gemeinsam mit 1000 anderen ungarischen Jüdinnen aus Auschwitz nach Hessisch Lichtenau gebracht wurde, beschreibt ihre Arbeit im dortigen Werk so[4]: »Dort mußte ich den in die Granaten zu füllenden Sprengstoff mit Messingstäbchen sorgfältig rühren, damit eine gleichmäßige Abkühlung erfolgt, wodurch im Sprengstoff keine Luftblasen entstehen. Auf der Oberfläche bildet sich eine harte, eisenartige Haut. Die mußte man mit Stäbchen aufbrechen. Ich habe den bitter schmeckenden, ungesunden Dampf einatmen müssen, das hat mich betäubt und ich bin oft dann zur Besinnung gekommen, als mir der heiße Sprengstoff ins Gesicht spritzte, dadurch wurde mein Gesicht mit Brennwunden voll. Manchmal mußte ich am Ende des Laufbandes die zusammenmontierte, beinahe 30 Kilogramm schwere Granate ergreifen. Bei dieser Arbeit habe ich meine Hände oft schwer verletzt. Ich habe meine vereiterten Wunden immer versteckt. Ich wollte nicht krank sein, da ich wußte, daß das mit dem Tode gleichzusetzen war.«[5]

Über die Bedingungen im Werk Malchow ist von Schoschana Tessler zu erfahren: »Wir lebten und zwangsarbeiteten dort unter ungeheuer schweren Bedingungen: Wir wurden unter Bewachung von SS mit Hunden von und zur Arbeit gebracht, wir trugen – auch im Winter – Holzschuhe und waren nur mit Kleiderfetzen bekleidet, so daß wir schrecklich froren. Unsere tägliche Nahrung bestand aus einer uneßbaren Suppe, etwas schwarzem Kaffee und 100 gr Brot und 20 gr Margarine.«[6]

Aus Auschwitz kamen auch jene Frauen und Mädchen, die in Christianstadt eingesetzt wurden. Einige arbeiteten in der Produktion an Automaten: »Zwischen 10 und 15 Mädchen saßen an einem Karussell, an welchem ich arbeitete. Wir jüdischen Mädchen mußten alles ohne Gasmaske vollführen und ohne Händeschutz. Das Karussell drehte sich ziemlich schnell und vom ersten Tag an verlangte die Aufsicht, daß wir die Arbeit so zu verrichten hätten, als ob wir schon jahrelang darin geübt wären. Zwischen den Knien hielten wir eine Kiste mit leeren Hülsen, unsere Aufgabe war es, dieselben schnell zu fassen mit beiden Händen und an einem bestimmten Objekt schnell bis zu einem bestimmten Grade fest anzuschrauben, dann floß eine giftige heiße Masse von oben herunter, die schnell erkaltete. Danach hatten wir wieder aufzuschrauben und die vollgefüllten Hülsen in eine andere Kiste zu legen. Wenn wir die bestimmte Stelle beim Anschrauben nicht ganz genau erreichten, dann spritzte das Gift über unsere nicht geschützten Hände und sogar bis zu den Knien, so daß ich häufig Brandwunden erhielt.«[7]

Ein Almosen für die jüdischen Zwangsarbeiterinnen

Da die bundesdeutsche Gesetzgebung keine Entschädigung für Zwangsarbeit vorsah, wurde seit Anfang der 50er Jahre von Überlebenden zunächst versucht, auf juristischem Wege eine Entschädigungssumme zu erhalten. Die Gerichte haben die Ansprüche ehemaliger Zwangsarbeiter »entweder als verfrüht oder als verspätet bezeichnet, ohne dabei zu leugnen, daß diese Forderungen prinzipiell berechtigt seien«.[8] Als verspätet wurden die Forderungen der deutschen Kläger eingestuft, da die Verjährungsfristen bereits überschritten seien. Als verfrüht wurden die Anträge von Zwangsarbeitern eingestuft, die entweder von Angehörigen besetzter Länder oder ehemaliger Feindstaaten gestellt worden waren. Grundlage dieser Ablehnungen war das »Londoner Schuldenabkommen« von 1953, mit dem ein Teil der Schulden des Deutschen Reiches gelöscht wurde, andere Forderungen gegen »das Reich und im Auftrag des Reichs handelnde Personen« wurden »bis zur endgültigen Regelung der Reparationsfrage zurückgestellt«.[9] Zu diesen Forderungen, die zurückzustellen waren, zählten die Gerichte auch die Lohnforderungen von ehemaligen Zwangsarbeitern.[10]

Das Scheitern vor den Gerichten führte dann schließlich zu direkten Verhandlungen von Verfolgtenorganisationen mit einzelnen Firmen. Ende der 50er Jahre trat die Jewish Claims Conference in Verhandlungen mit deutschen Industrieunternehmen ein, die während der NS-Zeit jüdische KZ-Gefangene in ihren Firmen zum Arbeitseinsatz gezwungen hatten. Zuerst kam es mit der I.G. Farben, dann mit Krupp, Telefunken, AEG, Siemens und Rheinmetall zu einer Einigung. Zu den von der Claims Conference schon im Jahr 1964 beabsichtigten Verhandlungen mit dem Bundesverband der Deutschen Industrie und dem Abschluß eines Globalabkommens ist es erst mehr als drei Jahrzehnte später gekommen. Auch diejenigen deutschen Unternehmen, die mit der Claims Conference einen Vertrag abgeschlossen haben, weigerten sich bis dahin, den nicht-jüdischen KZ-Gefangenen das gleiche Recht wie den jüdischen Zwangsarbeitern zuzugestehen.[11]

Die deutsche Industrie zahlte im Rahmen dieser Einzelabkommen bis 1986 insgesamt 55 Millionen DM an rund 17.500 ehemalige KZ-Arbeiter. Die meisten der mehr als 500.000 KZ-Insassen, deren Arbeitskraft durch die deutsche Industrie ausgenutzt worden war, gingen leer aus, weil »ihre« Firma zu keiner Zahlung bereit war. Doch auch diejenigen, die etwas bekamen, mußten sich mit geringen Beträgen zufriedengeben. Durchschnittlich wurden etwa gut 3000 DM an jeden Anspruchsberechtigten ausgezahlt.

Eine nachträgliche »Entlohnung« für die von ihnen geforderte Arbeit wurde den Zwangsarbeiterinnen der Dynamit AG jahrzehntelang verwehrt. Erst im Januar 1986 reihte sich die Firma Dynamit Nobel in den Kreis derjenigen Firmen ein, die bereit waren, ihren früheren jüdischen Zwangsarbeiterinnen und Zwangsarbeitern eine einmalige »Entschädigung« zu zahlen. »Schon 1963 war Dynamit Nobel wieder dabei, Kriegsmaterial für Deutschland und viele andere Länder zu produzieren. Der Umsatz näherte sich einer Milliarde DM.«[12] Hauptaktionär der Dynamit Nobel AG war seit 1958 mit einem Aktienanteil von 82 Prozent Friedrich Flick, der bei den Nürnberger Industriellenprozessen als Kriegsverbrecher wegen Ausplünderung, Beschäftigung von Zwangsarbeitern und Unterstützung der SS durch Geldspenden zu sieben Jahren Gefängnis verurteilt worden war.

Von 1962 bis zum Tode Flicks im Jahr 1972 war zwischen der Claims Conference und Bevollmächtigten Flicks über eine Entschädigung für die ehemaligen jüdischen Zwangsarbeiter erfolglos verhandelt worden. »Obgleich Friedrich Flick angeblich der reichste Mann in Deutschland und der fünftreichste in der ganzen Welt war und obgleich er mehr als eine Milliarde Dollar hinterließ, ging er ins Grab, ohne den jüdischen KZ-Insassen einen einzigen Pfennig gezahlt zu haben.«[13] Erst Anfang 1986 wurden im Zuge des Aktienverkaufs von Friedrich Karl Flick, Sohn und Erbe Friedrich Flicks, an die Deutsche Bank Zahlungen von 5 Millionen DM für die jüdischen Zwangsarbeiter der Dynamit AG geleistet – aus »humanitären Gründen«, wie der Sprecher der Deutschen Bank erklärte.[14]

Die Summe wurde der Claims Conference zur Verteilung an die Betroffenen überwiesen. Bei der Claims Conference bzw. bei der von ihr mit der Verwaltung des Fonds betrauten Compensation Treuhand GmbH gingen fast 5500 Anträge von ehemaligen Zwangsarbeitern aus der ganzen Welt ein. Mit einer so großen Zahl von Anträgen hatte man nicht gerechnet, denn ursprünglich sollte jeder Überlebende 5000 DM erhalten. Dies war nun nicht mehr möglich.

Das Ausmaß der Ausbeutung jüdischer KZ-Gefangener durch die Dynamit AG war offensichtlich bei den in den 60er Jahren aufgestellten Forderungen unterschätzt worden. Aufgrund der großen Zahl der vorliegenden Anträge konnte an jeden einzelnen nur ein wesentlich geringerer Betrag für die unter unmenschlichen Bedingungen verrichtete schwere und gefährlich Arbeit ausgezahlt werden.

Da bis dahin die wenigsten deutschen Unternehmen für ihre ehemaligen KZ-Arbeiter gezahlt hatten, war von vornherein zu erwarten, daß sich unter den eingehenden Anträgen nicht alle auf die Arbeit in einem Werk der Dynamit AG beziehen würden. Vielen Betroffenen ist es z. T bis heute nicht klar, für welche Firma sie eigentlich arbeiten mußten. So waren unter den eingegangenen Anträgen rund 2500, die von ehemaligen Dynamit-AG-Zwangsarbeitern gestellt wurden. Jene Anträge, die sich auf andere Firmen bezogen, konnten von der Compensation Treuhand, trotz des oft nachgewiesenen schweren Verfolgungsschicksals, nicht positiv beschieden werden, da der ausgezahlte Fonds für Dynamit Nobel Arbeiter zweckgebunden war und jeder Antrag in diesem Sinne genauestens überprüft werden mußte.[15]

Im folgenden werden die Verhandlungen, die von der Claims Conference mit Dynamit Nobel geführt wurden, sowie die Situation, die 1986 zur Auszahlung des Fonds führte, näher betrachtet. Folgenden Fragen wird dabei anhand der Verhandlungsakten nachgegangen:

— Wie kam es zur Festlegung des Betrages von 5 Millionen DM, der sich bei der Auszahlung als insgesamt viel zu gering erwies?

— Mit welchen Argumenten wurden die Forderungen der Claims Conference zunächst abgelehnt, und wie wurde versucht, von Seiten der Claims Conference die Argumentation der Firmenseite zu widerlegen?

— Warum kam es erst 1986 und nicht schon im Zuge der in den 60er Jahren geführten Verhandlungen zu Zahlungen durch Dynamit Nobel?

Aushandeln einer Gesamtsumme

Bereits beim ersten Treffen, das am 13.12.1962 zwischen dem Vertreter der Claims Conference, Ernst Katzenstein, und dem Unterhändler der Dynamit Nobel AG, Fabian von Schlabrendorff, stattfand, formulierten die Verhandlungspartner einen Vertragsentwurf. Dieser Entwurf bildete die Grundlage für alle weiteren Verhandlungen. Katzenstein trug vor, daß man für jede einzelne der jüdischen Zwangsarbeiterinnen aus den Werken Allendorf, Hessisch Lichtenau und Ludwigsdorf, die Ansprüche an Dynamit Nobel stellten, 5000 DM Entschädigung durch die Firma fordere. »Nach unseren Unterlagen haben etwa 1300 Frauen in den Werken der Dynamit Nobel AG während des Zweiten Weltkrieges gearbeitet. Es handelt sich ausnahmslos um Frauen, die früher ungarische Nationalität hatten und jüdischer Provenienz sind. Weiter handelt es sich um Zwangsarbeiter. Diese sind gepreßt worden, um in völkerrechtswidriger Art und Weise bei der Herstellung von Munition und Pulver mitzuwirken. ... Es liegt uns daran, den Frauen, die diese furchtbaren und völkerrechtswidrigen Arbeiten überstanden haben, einen gewissen Schadensersatz zu gewähren.«[16]

Der Vertragsentwurf nahm die Forderung auf. Katzenstein und von Schlabrendorff formulierten, daß »für jeden jüdischen Zwangsarbeiter, der während des Weltkrieges II in den drei Lagern Hessisch-Lichtenau, Allendorf oder Ludwigsdorf gearbeitet hat«,[17] ein Betrag von 5000 DM durch Dynamit Nobel zur Verfügung gestellt werden sollte. Die Gesamtsumme sollte als Minimum 5 Millionen, als Maximum 8 Millionen umfassen, um alle Ansprüche zu befriedigen.

Über eine Aufstockung dieser Summe ist im weiteren Verlauf der Verhandlungen nie wieder diskutiert worden. Die Claims Conference stellte, auch nachdem klar wurde, daß nicht nur in diesen drei Werken KZ-Gefangene eingesetzt worden waren, keine neuen Forderungen. Hans Seidenberg von der Compensation Treuhand fand nach einer Durchsicht der Anspruchsanmeldungen im Juni 1964 heraus, daß die Dynamit AG in fünf weiteren Betrieben jüdische KZ-Gefangene beschäftigt hatte: in Christianstadt, Landsberg, Hertine, Malchow und Brahnau. Diese Angaben wurden durch Auskünfte beim Internationalen Suchdienst bestätigt. Die Zahl der Antragsteller hatte sich damit bereits auf 2324 erhöht.

Sie wuchs weiter, nachdem festgestellt worden war, daß sich unter den beim AEG-Abkommen abgelehnten Anträgen eine große Anzahl befand, die sich auf Allendorf, Ludwigsdorf und Christianstadt bezogen. Nach und nach wurden alle Anspruchsanmeldungen an Dynamit Nobel, auch die bei den anderen abgeschlossenen Abkommen abgelehnten, von der Compensation Treuhand zusammengestellt, um eine Gesamtübersicht zu gewinnen. Am 17.10.67 teilte Seidenberg der Claims Conference mit, daß insgesamt 3495 Anträge vorlagen, diese Zahl aber noch immer nicht als endgültig bezeichnet werden könnte.

Hätte man nun noch einmal die ursprüngliche Forderung Katzensteins aufgegriffen und für jeden einzelnen Überlebenden jüdischen Dynamit AG-Zwangsarbeiter eine Entschädigungssumme von 5000 DM in Aussicht gestellt, wäre man auf eine Summe von mehr als 15 Millionen DM gekommen. Dabei muß berücksichtigt werden, daß zu diesem Zeitpunkt noch kein gezielter Aufruf an die Zwangsarbeiter der Dynamit AG, sondern lediglich im Jahr 1960 ein allgemeiner Aufruf zur Anmeldung von Ansprüchen an deutsche Industrieunternehmen ergangen war. Das Versäumnis, eine neue Summe ins Gespräch zu bringen, und damit auf das wirkliche Ausmaß der Beschäftigung von KZ-Gefangenen durch die Dynamit AG aufmerksam zu machen, führte schließlich dazu, daß Anfang 1986 jene Summe, die immer Verhandlungsgrundlage war, nämlich 5 Millionen, an die Claims Conference überwiesen und von dieser sehr schnell akzeptiert wurde. Dieser Betrag, ursprünglich Minimalforderung für nur drei Werke, mußte nun auf die in 10 Werken zur Arbeit gezwungenen Juden verteilt werden.

Argumente zur Abwehr der Forderungen

Nachdem der Auftakt der Verhandlungen zwischen von Schlabrendorff und Katzenstein vielversprechend verlaufen war, zeigte sich in der Folgezeit, daß Flick nicht bereit war, die Forderungen, die an ihn gestellt wurden, zu erfüllen. Dabei kam zunächst von Schlabrendorff und – nachdem dieser zum Bundesverfassungsgericht berufen worden war – Eberhard von Brauchitsch die Rolle zu, die Gründe, die diese ablehnende Haltung rechtfertigen sollten, vorzutragen. Viele der Argumente, die von seiten des Unternehmens vorgebracht wurden, waren den Verhandlungsführern der Claims Conference schon aus vorausgegangenen Verhandlungen mit den anderen Firmen bekannt. Auch von der Dynamit Nobel AG wurde zunächst zur Abwehr von Forderungen das »Londoner Schuldenabkommen« herangezogen; danach seien die Ansprüche zu früh gestellt. Diese juristisch-formale Argumentation spielte aber im weiteren Verlauf der Verhandlungen keine Rolle mehr. Die Claims Conference ging nicht darauf ein, sie wollte keine Klage gegen Flick führen, sondern es ging ihr ausdrücklich um einen außergerichtlichen Vergleich zugunsten der Überlebenden.

Immer wieder benutzen die Dynamit AG-Vertreter während der ein Jahrzehnt dauernden Verhandlungen den rechtlich-organisatorischen Überbau des Unternehmens,[18] um die formulierten Ansprüche zurückzuweisen. Man argumentierte, die Arbeit sei nicht für die Dynamit AG, sondern für die reichseigene Montan Industriewerke GmbH geleistet worden, daher sei die Bundesrepublik Adressat für die Forderungen. Von Schlabrendorff trug gegenüber Katzenstein vor, daß »die Firma Verwertungschemie nur eine Beteiligung, nicht aber eine Tochtergesellschaft, der Dynamit AG gewesen sei«.[19] Auf welche Weise die komplizierte Rechtskonstruktion zur

Abwehr von Forderungen instrumentalisiert wurde, wird aus folgender Argumentation der Firma klar – hier beispielhaft auf das Werk Ludwigsdorf bezogen: »Ludwigsdorf gehörte uns nicht und ist von uns nicht betrieben worden. Bei diesem Werk handelte es sich vielmehr um einen im Eigentum der OKH (...) stehenden Rüstungsbetrieb, der auf dem Grund und Boden des Reiches (Wehrmachtsfiskus) errichtet war. Das Produktionsprogramm führte eine inzwischen liquidierte GmbH als Pächterfirma durch, die ihren Auftraggebern, d.h. dem Heer und der Marine, Sprengkörper, Munition und Zünder lieferte und im übrigen von dem Willen und der Finanzierung des Reiches voll abhängig war, da sie im Rahmen der Kriegsführung im Auftrag und auf Weisung des damaligen Staates tätig war (...) Deshalb ist Dynamit Nobel nicht passiv legitimiert.«[20]

Man stritt zunächst ab, überhaupt Juden beschäftigt zu haben. Nachdem sich diese Position aufgrund vorliegender Beweise als nicht mehr haltbar erwies, argumentierte man, die KZ-Gefangenen seien von der Dynamit AG nicht angefordert, sondern ihr aufgenötigt worden. »Die Weisungen sowohl bezüglich des Arbeitsprogramms als auch des Arbeitskräfteeinsatzes erhielt diese Firma von ehemaligen Wehrmachtsstellen.«[21] Da man überzeugt war, die KZ-Gefangenen seien der Firma von staatlichen Stellen aufgezwungen worden, verlangte man zum Beweis des Gegenteils, »daß die Claims Conference ein Dokument vorlegen soll, wonach Dynamit-Nobel die SS gebeten habe, ihr Zwangsarbeiter zur Verfügung zu stellen«.[22]

Abgestritten wurde auch die Rechtsnachfolge der 1952 neu gegründeten Dynamit Nobel AG für die liquidierte Firma Dynamit AG und deren Tochterunternehmen Verwertchemie. Außerdem sei Flick selbst zwar deren Hauptaktionär, aber er habe seine Rechte erst in der Bundesrepublik erworben, könne also nicht für den Einsatz der Zwangsarbeiter im Dritten Reich verantwortlich gemacht werden. Von Brauchitsch erklärte im Auftrage Friedrich Flicks, daß »die Familie Flick zu jener Zeit keine kapitalmäßigen Interessen«[23] an der DAG gehabt habe. »Herr Dr. Flick hat die beherrschende Mehrheit an der Dynamit Nobel AG erst Ende der fünfziger Jahre erworben.«[24]

Die Claims Conference versuchte, mit großem Aufwand dokumentarische Beweise zu finden, um die Argumente der Unternehmensseite zu widerlegen. Das National Archive Washington, das Staatsarchiv Nürnberg, das Bundesarchiv Koblenz, das Archiv des Instituts für Zeitgeschichte

München und das Archiv des ISD Arolsen wurden nach belastendem Material durchforstet. Die aufgefundenen Dokumente wurden zusammengestellt und der Dynamit Nobel AG vorgelegt; man erstellte Quellenreporte, in denen die wichtigsten Aussagen aus den Dokumenten den Argumenten der Firmenseite gegenübergestellt wurden.[25] Die Claims Conference legte Dokumente vor, mit denen sie zeigen konnte, daß die Gesellschaft KZ-Gefangene zur Zwangsarbeit angefordert und diese in mehreren Betrieben beschäftigt habe. Anhand eines Aktenplanes der Amtsgruppe D II des SS-WVHA vom 9.6.1944 konnte man nachweisen, daß vom WVHA direkt mit der Firma Dynamit AG korrespondiert worden war. Vorgelegt wurde auch die Anordnung des SS-WVHA vom 29.8.42, mit der es alle KZ-Kommandanten anwies, KZ-Arbeiter nur auf besondere Anforderungsschreiben der Firmen zu liefern. Eine Zusammenstellung von Forderungsnachweisen für den Monat Dezember 1944 wurde vorgelegt, mit dem die Beschäftigung von KZ-Gefangenen in den Betrieben der DAG in Hessisch Lichtenau und Allendorf nachgewiesen wurde. Gleichzeitig konnte damit gezeigt werden, daß die Dynamit AG von der SS als Privatfirma angesehen wurde.[26]

Besonders gründlich versuchte man mit Hilfe von Dokumenten den rechtlich-organisatorischen Überbau der Dynamit-AG Firmen zu klären. Es wurde Beweismaterial vorgelegt, um zu zeigen, daß das Deutsche Reich und die Montan nicht an der Dynamit AG beteiligt waren, sondern lediglich »die Finanzierung von Bauten durch die Wehrmacht, wie wir sie bei anderen Rüstungsbetrieben, z.B. Krupp in Auschwitz, Telefunken in Langenbilau etc. kennen«[27], übernommen hatte und diese dann an die Betreiberfirma verpachtet wurden. Man belegte auch, daß die Verwertchemie vollständig im Besitz der DAG und damit verantwortlich für die Durchführung des Arbeitseinsatzes war.[28]

Für die Klärung des Problems der Rechtsnachfolge war die schon erwähnte Bescheinigung der Verwertchemie i.L., die am 17.1.1958 an eine ehemalige Lichtenauer Zwangsarbeiterin verschickt worden war, von besonderer Bedeutung. Auf dem Briefkopf war dort der Vermerk »Fernruf: unter Dynamit A.G.« zu finden.[29] Der Standort der Liquidationsgesellschaft wird mit Troisdorf angegeben, wo sich auch der Sitz der Dynamit Nobel A.G. befand. Die Unterschriften auf dem Brief weisen nach, daß eine Personalunion mit Führungsmitgliedern der Dynamit Nobel A.G. bestand. Seidenberg merkt an: »Es ist also offenbar so, daß die Liquidatoren der Verwertungschemie leitende Herren der Dynamit Nobel A.G. sind.«[30]

Friedrich Flick wurde seine eigene, bei den Nürnberger Industriellenprozessen abgegebene, eidesstattliche Erklärung vorgehalten, aus der hervorging, daß er von 1940 bis 1945 Aufsichtsratmitglied der DAG war, was zunächst abgestritten worden war. Allerdings weist die Argumentation der Claims Conference bezüglich der Rolle Flicks einige Mängel auf. Es war nicht nachzuweisen, daß die Dynamit AG ein »Flick-Betrieb« gewesen ist und daß Flick »bis 1945 die Leitung der DAG innehatte«.[31] Die Claims Conference ging dabei von einer falschen Annahme aus. Flick war zwar Mitglied im Aufsichtsrat der DAG, aber er übte nicht den entscheidenden Einfluß aus, insofern ist die Bezeichnung »Flick-Betrieb« irreführend. Erst ab 1959 ist die Dynamit Nobel AG als Flick-Betrieb zu bezeichnen, als Friedrich Flick die Aktienmajorität erwarb. Es bestand zwar eine personelle Kontinuität – das ehemalige Aufsichtsratsmitglied war nun Hauptaktionär –, aber nicht in dem Sinne, wie man dies nachzuweisen versuchte. Da man sich zu sehr darauf festlegte, Flick eine einflußreiche Position bei der DAG bis 1945 nachzuweisen, erleichterte man die Gegenargumentation. Flicks Rolle als maßgeblicher finanzieller Unterstützer Himmlers, der genaue Kenntnis vom Sklavenarbeitsprogramm der Nationalsozialisten hatte, wurde dagegen im Rahmen der Verhandlungen nur am Rande thematisiert. Katzenstein nennt einen Grund dafür: »I was at times doubtfull during the negotiations whether it would be good tactics on our part to put the blame too much on Flick«.[32]

Die Claims Conference versäumte es, ausführlich die Lebens- und Arbeitsbedingungen, unter denen die jüdischen Zwangsarbeiter/innen leiden mußten, gegenüber den Verhandlungsführern des Unternehmens darzustellen. Dies wäre eine Möglichkeit gewesen, den moralischen Druck auf das Unternehmen zu verstärken. Zwar wurde ein Report zusammengestellt mit Berichten ehemaliger KZ-Gefangener aus den drei Werken Allendorf, Hessisch Lichtenau und Ludwigsdorf,[33] doch das Verfolgungsschicksal und der bis heute fortdauernde Leidensweg der Betroffenen sind nicht Thema der Verhandlungen gewesen.

Die Compensation Treuhand wies die Claims Conference in diesem Zusammenhang auf einen »speziellen Punkt« hin, »der die Zwangsarbeit bei Dynamit Nobel zu einem der wenigen Sonderfälle macht: Die Firma hat während des 2. Weltkrieges Sprengstoff hergestellt. Die Zwangsarbeiter waren bei dieser Arbeit ohne jeglichen Schutz gegen die giftigen Gase, die sich bei der Produktion des Sprengstoffes in der Luft stauen. Es sind also bei den Überlebenden in exzeptionell großem Maße dadurch Lungenerkrankungen entstanden. Der Staub und die unvermeidliche Berührung mit dem Werkmaterial mit ungeschützten Händen hat ernste Hauterkrankungen, teilweise schwere Beeinträchtigung des Augenlichts (hervorgerufen) und auch der Haarwuchs ist in Mitleidenschaft gezogen worden. Im Falle Dynamit Nobel kamen also zu dem allgemeinen Streß der Zwangsarbeit noch spezifische Erkrankungen hinzu, weil den Zwangsarbeitern die Schutzmittel vorenthalten wurden, die bei diesen Arbeiten in der ganzen Welt üblich sind. Besonders wichtig ist bei diesem Problem, daß eine sehr große Anzahl dieser Menschen aus rechtlichen Gründen keinen Anspruch auf Entschädigung für Gesundheitsschaden nach BEG hat.«[34]

Die in dem Schreiben dargelegte Problematik ist in die Verhandlungen nie eingeflossen, obwohl gerade die hier vorgebrachten Gesichtspunkte den besonderen Ausbeutungscharakter der Arbeit der jüdischen KZ-Gefangenen durch die DAG und die über die Zeit der Befreiung hinaus wirkenden Schäden bei den Betroffenen deutlich machen. Insgesamt läßt sich aber feststellen, daß es der Claims Conference gelungen war, die Argumente der Unternehmensseite inhaltlich zu widerlegen.

Keine Einigung in den Verhandlungen

Im Jahr 1964 schien der Abschluß eines Abkommens zwischen der Claims Conference und der Dynamit Nobel kurz bevorzustehen. Ein Vertrag war auf der Grundlage des 1962 gemeinsam formulierten Textes entworfen worden,[35] und von Schlabrendorff hatte den Entwurf Wolfgang Pohle, dem Flick als Generalbevollmächtigten die Entscheidungsbefugnis übertragen hatte, vorgelegt. Pohle fügte noch einige kleinere Änderungen ein, er hatte aber keine substantiellen Einwände mehr. Die Zahlung von 5 Millionen war auf den 1. Mai 1964 terminiert worden. Es fehlte nur noch die Unterschrift Flicks unter den fertigen Vertrag. Doch es geschah wieder nichts, obwohl man auf der Seite der jüdischen Organisation meinte, die Situation sei günstig, denn – so Ferencz – es »gab durchaus gute Gründe anzunehmen, daß Flick etwas für seine früheren

Arbeiter tun werde. Aus Anlaß seines 80. Geburtstages spendete der deutsche Industriekapitän (...) nämlich mehr als 4 Millionen DM an deutsche Wohlfahrtsverbände. Die Überlebenden der Konzentrationslager aber mußten noch auf ein Zeichen von Flicks Freigiebigkeit warten«.[36]

Vertretern der Claims Conference wurde nach und nach deutlich, daß die jüdische Organisation zu einem »Katz-und-Maus-Spiel«[37] mißbraucht worden war, denn immer wieder brachte die Dynamit Nobel AG die bekannten Argumente ins Spiel. Ferencz drängte nun darauf, andere Wege zu beschreiten, da nach seiner Ansicht der Weg, über moralische Appelle einen Erfolg zu erzielen, gescheitert war. Seine Idee war es, ein »Weißbuch« zu erstellen, mit dem die Öffentlichkeit über Flicks Rolle informiert werden sollte. Für ihn war nach zwei Jahren ergebnislosen Verhandelns offensichtlich, daß Flick freiwillig kein Abkommen schließen würde. Ferencz verwies auf die im Falle der »Rheinmetall capitulation« gemachte Erfahrung und war der Meinung, »that the time has come to fire«.[38] Doch der Verhandlungsführer der Claims Conference war nicht bereit, den eingeschlagenen Weg zu verlassen. Er hielt die Zeit noch nicht für reif, an die Öffentlichkeit zu gehen.

In der Zwischenzeit gab es einzelne Überlebende, die sich an die Claims Conference gewandt hatten und nachfragten, was aus den von ihnen angemeldeten Ansprüchen geworden sei. Darunter befand sich Ella B., die in Hessisch Lichtenau Zwangsarbeit hatte leisten müssen. Sie mahnte ihren Entschädigungsanspruch mit Schreiben vom 8.7.64 an: »Ich (...) möchte mich in meiner Not an Sie wenden und Sie um ihre Hilfe ersuchen. Die – in der Deportation erlittenen – körperlichen und seelischen Schäden behindern mich seit der Zeit irgendeine Arbeit zu leisten, stehe unter ständiger ärztlicher Behandlung und mein psychischer und physischer Zustand verschlechtert sich ständig. Mein Mann (...) ist auch schwer herzkrank in Folge der Deportation. Wir haben eine noch schulpflichtige Tochter und möchten ihre Zukunft sichern, aber in unserer Lage scheint es uns fast aussichtslos.«[39]

Die Compensation Treuhand konnte ihr daraufhin nur mitteilen, daß sie für die Firma Dynamit Nobel »keine Mittel zur Verfügung habe«.[40] Frau B. entschloß sich, einen Rechtsanwalt zu nehmen, der damit begann, eine Klage gegen die Firma vorzubereiten. Hilfe in Einzelfragen erhoffte sich der Anwalt durch die Claims Conference. Aber er erhält von ihr keine Unterstützung, mit dem Hinweis, daß man »wegen dieses Themas z.Zt.

in Verhandlungen«[41] sei. Die Klage gegen Dynamit Nobel wurde von Ella B. schließlich fallengelassen. Von der Claims Conference war versäumt worden – neben den geführten Verhandlungen –, die Erprobung des juristischen Weges durch eine ehemalige KZ-Insassin zu unterstützen und damit den Druck gegen Dynamit Nobel durch eine eingereichte Klage zu verstärken. Erst Jahre später, als der Verhandlungsweg endgültig gescheitert war, dachte man über solche Möglichkeiten nach.

Neue Hoffnungen keimten auf, als sich am 26.1.1967 fünfzehn Firmenvertreter von Dynamit Nobel zusammensetzten und die Forderungen der früheren jüdischen KZ-Insassen berieten. Von Schlabrendorff erklärte nach dem Treffen gegenüber Katzenstein, daß nun alle Zweifel aus dem Weg geräumt seien, die Hauptaktionäre hätten den Zahlungen zugestimmt, aber die Gesellschaft sei zur Zeit nicht liquide und könne deshalb noch keinen Vertrag abschließen. Ferencz kommentiert: »Deutsche Finanzexperten schätzten Friedrich Flicks persönliches Vermögen auf über 2 Milliarden DM. (...) Das Argument, Flick oder Dynamit Nobel könnten 5 Millionen nicht aufbringen, um den jüdischen Forderungen nachzukommen, wirkt lächerlich, wäre die Sache nicht so ernst. Man wollte die Claims Conference glauben machen, Flick sei ein Milliardär ohne Geld.«[42] Von Schlabrendorff zeigte sich wiederum optimistisch und meinte, die Angelegenheit bis zum Ende des Jahres erledigt zu haben.

Die Fronten verhärteten sich, als von Schlabrendorff, dem es nicht gelungen war, in den 5 Jahren seiner Tätigkeit Friedrich Flick von der Notwendigkeit eines Vertragsabschlusses zu überzeugen, im Jahr 1967 wegen seiner Berufung zum Bundesverfassungsgericht als Unterhändler ausschied. Von dieser Zeit an mußte man mit Eberhard von Brauchitsch verhandeln, der von Flick die Vollmacht erhalten hatte. Dieser galt als grundsätzlicher Gegner eines Abkommen. Ferencz trat nun abermals dafür ein, alle Fakten an die Presse zu geben, »und der Öffentlichkeit die Wahrheit (zu) sagen über die vielen Jahre ergebnisloser und frustrierender Anstrengungen der Claims Conference, zu einem gütlichen Einvernehmen mit dem überführten Kriegsverbrecher zu kommen«.[43] Doch den übrigen Vertretern der Claims Conference widerstrebte es nach wie vor, Flick öffentlich zu brandmarken, sie wollte auch mit von Brauchitsch den Verhandlungsweg weitergehen.

Nun bat die Claims Conference den Bankier Hermann Josef Abs, sich bei Flick für die ehemaligen jüdischen Zwangsarbeiter einzusetzen, was aber ohne Erfolg blieb. Auch der Versuch, den ehemaligen amerikanischen Hohen Kommissar John McCloy als Vermittler einzusetzen, führte zu nichts. Ihm gegenüber erklärte Flick durch seinen Vertreter von Brauchitsch vielmehr eindeutig seine Ablehnung des Vertrages: »Herr Dr. Flick ist der Auffassung, daß es unter keinem Gesichtspunkt, auch nicht unter dem moralischen, angezeigt oder vertretbar wäre, daß die Dynamit Nobel AG oder das Haus Flick die Forderungen der Claims Conference erfüllt. Herr Dr. Flick bittet um Ihr Verständnis für seine abschließende Entscheidung in dieser Sache.«[44] Mit den deutlichen Worten Flicks zeichnete sich – auch für diejenigen, die immer noch dem Verhandlungsweg eine Chance eingeräumt hatten – endgültig ab, daß es zu keinem Vertragsabschluß mehr kommen würde. Es wurde nach neuen Wegen gesucht, doch noch etwas für die überlebenden NS-Opfer zu erreichen. Ferencz gab das gesamte Material, nachdem nun auch Katzensteins Geduld aufgebraucht war, an B'nai B'rith. Die Organisation wollte dafür sorgen, daß die Presse über die Angelegenheit berichtete. »In einem von B'nai B'rith entworfenen Artikel wurde Flick als ›reuloser Sklavenhalter‹ bezeichnet. Der Verfasser addierte den immensen Reichtum, den Flick unter Hitler und nach Hitler angesammelt hatte, und hob die Freundschaft mit dem Massenmörder Himmler hervor. Autokäufer wies man darauf hin, daß der Mann, der am meisten an Mercedeswagen verdient, ein verurteilter Kriegsverbrecher ist, der ›sein Vergehen an der Gesellschaft noch nicht wieder gutgemacht hat‹.«[45] Doch der fertiggestellte Bericht ging nie an die Presse, denn als Friedrich Flick am 20.7.72 starb, veranlaßte Ferencz, daß er zurückgehalten wurde.

Mit dem Tode dieses Mannes schien klar zu sein, daß damit auch die Entschädigungszahlung für ehemalige Dynamit AG-Zwangsarbeiter für immer erledigt war. Es war nicht gelungen, zu einer Einigung mit dem Mann zu kommen, der in Nürnberg 1947 erklärt hatte: »Nichts wird uns davon überzeugen, daß wir Kriegsverbrecher sind.«[46] Diese Position hatte Flick beibehalten: Er erkannte eine moralische Verpflichtung, etwas für die ehemaligen Zwangsarbeiter zu tun, nie an. Öffentlicher Druck, um den Hauptaktionär von Dynamit Nobel zum Zahlen zu bringen, war von der Claims Conference nicht erzeugt worden. Zu lange hatte sie gezögert, andere Wege als die der internen Verhandlungen zu beschreiten.

In den Jahren nach Flicks Tod sah die Claims Conference die einzige verbleibende Möglichkeit noch darin, eine Klage gegen Dynamit Nobel einzureichen. Dazu wurden 1974/75 Vorbereitungen getroffen. Man kam zu dem Entschluß, daß eine mögliche Klage nur für jemanden eingereicht werden sollte, der entweder in Allendorf oder in Hessisch Lichtenau Zwangsarbeit geleistet hatte. Für diese beiden Lager sei zum einen das Problem der Rechtsnachfolge zweifelsfrei geklärt, zum anderen lagen für Hessisch Lichtenau von Überlebenden insgesamt 476 Anspruchsanmeldungen, für Allendorf sogar 652 vor, was die Auswahl einer oder mehrerer Klägerinnen erleichtern würde. Daneben hatte der ISD für beide Lager namentliche Unterlagen, wodurch das juristische Vorgehen erleichtert würde. Doch man entschloß sich letztlich, auf eine Klage zu verzichten, da diese voraussichtlich durch alle Instanzen hätte gehen müssen. Dies würde, so berechnete man, einen Zeitaufwand von mindesten sechs Jahren, einschließlich BGH, in Anspruch nehmen. Außerdem hielt man diese Klage, nachdem man Stellungnahmen von Experten eingeholt hatte, für ziemlich aussichtslos.

Einlösung einer alten Forderung

In den Jahren 1982 und 1984 mahnte Robert Kempner, ehemaliger stellvertretender Chefankläger während der Nürnberger Prozesse, bei Friedrich Karl Flick die von seinem Vater verweigerte Entschädigung für die DAG-Zwangsarbeiter an. In Anbetracht der Diskussionen über die finanziellen Zuwendungen der Flick AG an Politiker und Parteien, appellierte Kempner an den Konzernchef, vergangenes Unrecht an den von der Dynamit AG »im Zweiten Weltkrieg ausgebeuteten Zwangsarbeitern durch Zahlung einer Entschädigung wenigstens symbolisch wiedergutzumachen«.[47] Auch die SPD-Fraktion schaltete sich ein und forderte Flick auf, »die Gelegenheit der aktuellen Diskussion über Parteispenden zum Anlaß zu nehmen, eine Belastung des Namens Flick aus der Vergangenheit (...) zu mindern.«[48] Diese Initiativen blieben aber noch ohne Erfolg. Die Thematik wurde in der öffentlichen Diskussion zu diesem Zeitpunkt kaum beachtet.

Als Friedrich Karl Flick im Dezember 1985 seine Dynamit Nobel Aktien an die Deutsche Bank verkaufte, sah Robert Kempner die Gelegenheit gekommen, »um die alte Forderung nach Entschädigung der Dynamit Nobel-Zwangsarbeiter wieder auf den Tisch zu bringen«.[49] Am

10. Dezember schickte Kempner einen Brief an den Vorstandssprecher der Deutschen Bank, in dem es heißt: »Es erscheint moralisch, politisch und juristisch notwendig, vor einem Ankauf der Flick-Betriebe diese von dem Stigma der Nichtzahlung von Wiedergutmachungsbeträgen für die Opfer der gesundheitlich schwer geschädigten überlebenden Sklavenarbeiter des Konzerns zu befreien (...) Jetzt, wo der größte Teil des Flick-Konzerns von der Deutschen Bank gekauft wird, werden zahlreiche persönliche und wirtschaftliche Verbindlichkeiten beglichen werden müssen. Dazu gehört auch dieser Betrag, der weniger als 1% des Kaufpreises beträgt«.[50] Auch die Claims Conference reagierte und appellierte am 18. Dezember ebenfalls an die Deutsche Bank: »Da sich die Überlebenden der Nazi-Verfolgung im fortgeschrittenen Alter befinden, verlangt das Problem nach dringender Lösung.«[51] Sie drückte die Hoffnung aus, daß die moralischen Verpflichtungen gegenüber den ehemaligen jüdischen Zwangsarbeitern nun eingelöst und eine Summe von 5 bis 8 Millionen DM ausgezahlt würde. Auch der Zentralrat der Juden in Deutschland forderte die Entschädigung der KZ-Arbeiter.

Die ersten Reaktionen des Vorstandssprechers der Deutschen Bank, F. Wilhelm Christians, waren ablehnend. Er erklärte, daß die angemahnten Forderungen kein Problem der Deutschen Bank seien, »sondern ein Problem des Herrn Flick, wenn man überhaupt von einem Problem reden kann«.[52] Kempner ließ diese Argumentation nicht gelten: »Die Deutsche Bank ist deshalb zuständig, weil sie – mit erheblichem Gewinn – den Konzern inklusive seiner Mängel und Verpflichtungen übernommen hat.«[53]

Die öffentliche Aufmerksamkeit, die der Angelegenheit zuteil wurde, führte bald zu einer veränderten Haltung der Deutschen Bank. Im Deutschen Bundestag und im Europäischen Parlament wurden Debatten zum Thema Zwangsarbeit angekündigt. Außerdem trug der CSU-Bundestagsabgeordnete Hermann Fellner ungewollt zum Meinungsumschwung bei, »der durch ein Interview kräftig Öl ins Feuer schüttete und dadurch die Entwicklung ungeahnt beschleunigte«.[54] Er hatte sich im Kölner »Expreß« zum Thema Entschädigung geäußert: »Ich sehe für einen Anspruch der Juden bisher weder eine rechtliche noch eine moralische Grundlage.«[55] Außerdem werde der Eindruck erweckt, »daß die Juden sich schnell zu Wort melden, wenn irgendwo in deutschen Kassen Geld klimpert (...) Die Juden sollten uns mit solchen Forderungen nicht in Verlegenheit bringen«.⁵⁶ Gegen diese Formulierungen erhob sich heftiger öffentlicher Protest. Auch Bundeskanzler Kohl distanzierte sich, wenngleich vorsichtig, von diesen Äußerungen.

Hinzu kam, daß die Presse damit begann, das Schicksal der ehemaligen jüdischen Zwangsarbeiter in Hintergrundberichten zu beleuchten und die Rolle der deutschen Industrie während der NS-Zeit thematisierte. Verstärkend wirkte, daß soeben eine deutsche Ausgabe des von der amerikanischen Militärregierung 1946/47 angefertigten Omgus-Reports über die Deutsche Bank erschienen war.⁵⁷ Dieser befaßt sich auch mit dem Geschäft der Deutschen Bank durch den Einsatz von Zwangsarbeitern in ihren »Filialbetrieben«, wie etwa Mannesmann, Daimler Benz und Bayerische Motorenwerke, die mit der Deutschen Bank aufs engste in ihrer Geschäfts- und Personalpolitik verflochten waren. Es bestand die »Gefahr«, daß nun nicht nur Dynamit Nobel, sondern auch die Deutsche Bank in die Diskussion geraten könnte. In dieser Situation konnte es nur eine Möglichkeit geben, um eine noch breitere öffentliche Thematisierung zu verhindern: Der im Vergleich zum Gesamtvolumen des Aktienkaufes relativ geringe Betrag, der von den jüdischen Organisationen gefordert wurde, mußte möglichst schnell ausgezahlt werden. Dies war auch Vorstandssprecher Christians in einem Brief von Kempner am 4.1.86 geraten worden: »Im Übrigen bin ich der Meinung, daß wegen der Flick'schen Sklavenarbeiter die Deutsche Bank auch zur Pflege ihrer eigenen Landschaft die erforderlichen Schritte unverzüglich unternehmen sollte.«⁵⁸

So gab die nun unter dem Namen »Feldmühle Nobel AG« firmierende Gesellschaft am 8.1.1986 mit Zustimmung der Deutschen Bank bekannt, daß 5 Millionen DM an die Claims Conference ausgezahlt werden. Von der Claims Conference wurde die Summe, ohne weitere Forderungen zu stellen, sofort akzeptiert. Man war offensichtlich froh, nach so vielen Jahren überhaupt noch ein Ergebnis erzielt zu haben. Der Vorstand der Deutschen Bank bezeichnete seinen Beschluß als eine »humanitäre Lösung«⁵⁹, zu der eigentlich keine Verpflichtung bestanden hätte, denn - so wurde fälschlicherweise erklärt - Friedrich Flick sei beim Nürnberger Prozeß ausdrücklich vom Vorwurf der Teilnahme am Sklavenarbeitsprogramm freigesprochen worden.

41 Jahre lang hatte es gedauert, bis die ehemaligen jüdischen KZ-Gefangenen, die in zehn Zweigwerken für die Dynamit AG Zwangsarbeit hatten leisten müssen, zumindest eine geringe finanzielle Entschädigung

bekamen. 26 Jahre, mehr als ein Vierteljahrhundert, waren vergangen, seit die meisten von ihnen im Jahr 1960 ihren Anspruch auf Entschädigung bei Dynamit Nobel angemeldet hatten. Nun war es letztlich für die Deutsche Bank nur noch darum gegangen, ein für sie lästiges Problem aus der Welt zu schaffen. Der Kommentator der »Zeit« schrieb: »(...) die Deutsche Bank leistete die verspätete Wiedergutmachung erst, als die politische Erregung das Ansehen des Bank-Multis und auch der Bundesrepublik zu ramponieren drohte.«[60] Der Weg, über öffentlichen Druck etwas zu erreichen, den in den 60er Jahren Ferencz immer wieder gefordert hatte, weil er auch in anderen Fällen schon erfolgreich gewesen war, ermöglichte nun in wenigen Wochen, was in jahrzehntelangen Verhandlungen zuvor nicht geschafft worden war.

Anmerkungen

[1] Überarbeitete und aktualisierte Fassung eines Aufsatzes, der 1991 in 1999. Zeitschrift für Sozialgeschichte des 20. und 21. Jahrhunderts, Heft 1/1991 zuerst veröffentlicht wurde.

[2] Finkelstein, Norman: The Holocaust Industry. London und New York 2000.

[3] Ausführlich dazu: Vaupel, Dieter: Spuren die nicht vergehen. Eine Studie über Zwangsarbeit und Entschädigung. Kassel, 2. Aufl. 2001.

[4] Zum Werk Hessisch Lichtenau: Vaupel 2001; Espelage, Gregor: Friedland bei Hessisch Lichtenau, Band II. Hessisch Lichtenau 1994.

[5] Brief von Blanka Pudler, Budapest 2.12.1986.

[6] Ebenda.

[7] Ebenda.

[8] Goschler, Konstantin: Streit um Almosen. In: Benz, Wolfgang/ Distel, Barbara: Sklavenarbeit im KZ. Dachau 1986 (Dachauer hefte Bd. 2), S. 172.

[9] Abkommen über deutsche Auslandsschulden, London vom 27.2.1953. In: BGBl II 1953, S. 340.

[10] S. dazu: Urteil des Kammergerichts Berlin vom 12.7.1961, 10/4 U 873/59 und Urteil des BGH vom 17.3.1964, VI ZR 187/61.

[11] Eine Ausnahme machte hier lediglich die IG Farben. Von den ausgezahlten 30 Millionen DM waren 10 % für nichtjüdische Häftlinge vorgesehen (Ferencz, Benjamin B.: Lohn des Grauens. Frankfurt/ New York 1981, S. 80ff.)

[12] Ferencz 1981, S. 200.

[13] Ferencz 1981, S. 212.

[14] Der Spiegel 3/1986, S. 28f.
[15] CTF: Anspruchsanmeldungen an Dynamit Nobel.
[16] CCF: Akten DN, Bd. 1, Briefentwurf Katzenstein.
[17] CCT: Allgemeiner Ordner, Brief Katzenstein vom 13.12.1962.
[18] Ausf. dazu: Vaupel 2001, S. 41ff.
[19] CCF: Akten DN, Bd. 2, Brief Katzenstein vom 17.3.1965.
[20] Ebenda, Bd. 1, Brief Katzenstein vom 27.6.1963.
[21] CCT: Allgemeiner Ordner, Brief Meister vom 17.2.1965.
[22] Ebenda.
[23] CCF: Akten DN, Bd. 3, Brief von Brauchitsch an Mc Cloy vom 6.1.1970.
[24] Ebenda.
[25] CCF: Akten DN, Dokumentenmappe; United Restitution Organzation Frankfurt (URO): Memo Fischer vom 6.2.1964 mit 29 Dokumenten als Anlage.
[26] Ebenda.
[27] CCF: Akten DN, Bd. 1, Brief Katzenstein vom 17.3.1965.
[28] BBF: Memo Ference vom 1.3.1965.
[29] CCF: Dokumentenmappe.
[30] CCT: Allegemeiner Ordner, Brief Seidenberg vom 3.3.1965.
[31] CCF: Akten DN, Bd. 1, Brief Katzenstein vom 12.2.1964 (mit Anlage: Quellenreport zur Rolle Flicks).
[32] Ebenda.
[33] CCF: Akten DN, Bd. 1, Report Gutter vom 23.4.1962.
[34] CCT: Allgemeiner Ordner, Brief Seidenberg vom 16.5.1968.
[35] Der Text des Vertrages ist veröffentlicht in: Vaupel 2001, S. 364f.
[36] Ferencz 1981, S. 202.
[37] CCF: Akten DN, Brief Ferencz vom 27.5.1966.
[38] CCT: Allgemeiner Ordner, Brief Ferencz vom 26.7.1966.
[39] Ebenda, Brief Ella B. vom 8.7.1964.
[40] Ebenda, Brief vom 15.7.1964.
[41] CCF: Akten DN, Bd. 2, Brief Seidenberg vom 1.2.1966.
[42] Ferencz 1981, S. 205f.
[43] Ebenda, S. 206.
[44] CCF: Akten DN, Bd.3, Brief von Brauchitsch vom 6.1.1970.
[45] Ferencz 1981, S. 212.

[46] Zit. n. ebenda, S. 196.
[47] Zit.n. Sozialdemokratischer Pressedienst vom 22.11.1984.
[48] Ebenda.
[49] Goschler 1986, S. 192.
[50] Zit. n. ebenda.
[51] Zit. n. Janssen, Karl-Heinz: Sklavenarbeit: Flicks böses Erbe. In: Die Zeit vom 17.1.1986.
[52] Zit. n. Der Spiegel 3/ 1986, S. 28.
[53] Brief Kempner an Christians vom 3.1.1986.
[54] Goschler 196, S. 193.
[55] Zit. n. Frankfurter Rundschau vom 7.1.1986.
[56] Ebenda.
[57] O.M.G.U.S. Ermittlungen gegen die Deutsche Bank. Nördlingen 1986.
[58] Brief Kempner an Christians vom 4.1.1986.
[59] Der Spiegel 3/1986.
[60] Janßen 17.1.1986.

Dokumentation

Das Luxemburger Abkommen

Die israelische Regierung trat 1951 an die vier Alliierten heran, um von den beiden deutschen Staaten eine Verbesserung der Rückerstattung jüdischen Eigentums und der Entschädigung zu erreichen. Sie formulierte in diesem Zusammenhang einen Globalanspruch, der sich insbesondere aus den Kosten ableitete, die durch die Aufnahme von einer halben Million verfolgter Juden entstanden waren. Diese Initiative führte zu Verhandlungen zwischen der Bundesregierung, der israelischen Regierung und der Claims Conference als Vertreterin der nicht in Israel lebenden Juden. Sie wurden am 10. September 1952 mit der Unterzeichnung von zwei Abkommen und zwei Protokollen abgeschlossen. Zum Vertragswerk gehören auch eine Liste der Waren, die von der Bundesrepublik an Israel zu liefern waren, und verschiedene Anhänge in Form eines Briefwechsels.

Im einzelnen handelt es sich um ein Abkommen zwischen der Bundesrepublik Deutschland und dem Staat Israel, in dem sich die Bundesregierung bereit erklärt, drei Milliarden Mark an Israel in Form von Warenlieferungen zu zahlen. Als Grund hierfür wird in der Präambel genannt, »daß der Staat Israel die schwere Last auf sich genommen hat, so viele entwurzelte und mittellose jüdische Flüchtlinge aus Deutschland und den ehemals unter deutscher Herrschaft stehenden Gebieten in Israel anzusiedeln, und deshalb einen Anspruch gegen die Bundesrepublik auf globale Erstattung der entstandenen Eingliederungskosten geltend gemacht hat« (siehe Dokument 1). Daneben wird ein Abkommen zwischen denselben Parteien über die Rückerstattung von Vermögen geschlossen, das in der aktuellen Kontroverse keine Rolle spielt.

Außerdem werden zwei Protokolle von der Bundesregierung und der Claims Conference unterzeichnet. Protokoll Nr. 1 ergänzt die Bemühungen insbesondere der USA, die Bundesrepublik zu einer Gesetzgebung für die individuelle Entschädigung der NS-Verfolgten zu veranlassen. Es verpflichtet also nicht die Claims Conference zu einer individuellen Entschädigung, sondern es ist ein Baustein für die deutsche Entschädigungsgesetzgebung der 50er und 60er Jahre. Aus dem Vorspann: »Die Regierung der Bundesrepublik Deutschland erklärt, daß sie sobald wie möglich alle verfassungsmäßigen Schritte unternehmen wird, um die Durchführung des folgenden Programms zu gewährleisten.«

Nach Protokoll Nr. 2 erklärt sich die Bundesregierung zur Zahlung von 450 Millionen Mark an die Claims Conference bereit. Sie erkennt damit einen Kollektivanspruch an, der sich vor allem daraus ableitet, daß »erhebliche Werte, wie die in den besetzten Gebieten geraubten, nicht zurückgegeben werden können und Entschädigung für zahlreiche wirtschaftliche Verluste nicht gewährt werden kann, weil infolge der Ausrottungspolitik des Nationalsozialismus keine Anspruchsberechtigten mehr vorhanden sind«. (Präambel) Das Geld wird »für die Unterstützung, Eingliederung und Ansiedlung jüdischer Opfer der nationalsozialistischen Verfolgung nach der Dringlichkeit ihrer Bedürfnisse, wie sie von der Conference on Jewish Material Claims against Germany festgestellt wird, verwendet, und zwar grundsätzlich für Verfolgte, die bei Abschluß dieser Vereinbarung außerhalb Israels leben« (Artikel 2). Dieses Abkommen ist also in Parallele zu dem mit dem Staat Israel geschlossenen Vertrag zu sehen und verpflichtet – siehe hierzu auch die Präambel mit ihrem Bezug auf die ermordeten Opfer – nicht zu individuellen Entschädigungszahlungen entsprechend persönlich erlittener Verfolgung. (Diese Frage wurde ja in Protokoll 1 behandelt.) Der Unterschied zum Israel-Vertrag liegt vor allem darin, daß die Zahlungen für die außerhalb Israels lebenden jüdischen NS-Opfer vorgesehen sind. Die Gelder hierfür werden im übrigen von der israelischen Regierung an die Claims Conference überwiesen, und zwar entsprechend dem deutschen Wareneingang.

Hinsichtlich der Mittelverwendung hat die Claims Conference den Vertrag später auch nicht umgedeutet. Bereits 1952 schreibt van Dam in seinem Kommentar zu dem Vertragswerk: »Da die Beträge der Unterstützung, Eingliederung und Ansiedlung der Opfer dienen, können sie auch für die kollektiven Bedürfnisse verwendet werden, wie z. B. für Krankenhäuser, Altersheime, andere soziale Institutionen, die der Betreuung des genannten Kreises der Opfer dienen. Auch die Bezahlung der Reisekosten und sonstige Aufwendungen, die nach dem Zeitpunkt des Inkrafttretens der Verträge entstehen, erscheint als zulässig. Es muß aber beachtet werden, daß nicht eine Zahlung an die Conference für die Mitgliedsorganisationen erfolgt, so daß etwa jede Mitgliedsorganisation einen Anspruch auf Zahlung eines Bruchteils hätte. Die Conference in ihrer Gesamtheit hat die ihr zur Verfügung gestellten Beträge für den erwähnten Zweck zu verwenden. Sie hat aber die Befugnis der Entscheidung über die Dringlichkeit der Bedürfnisse, die ihr bekanntgegeben werden. Sie braucht daher nicht etwa nach der Reihenfolge der Anträge zu entscheiden und kann hierüber im Rahmen ihres eigenen Ermessens urteilen, das allerdings pflichtgemäß sein muß.« (Die Haager Vertragswerke, Düsseldorf 1952, S. 55)

Nachfolgend werden das Abkommen zwischen der Bundesrepublik Deutschland und dem Staat Israel über die Globalzahlung von drei Milliarden Mark auszugsweise sowie das Protokoll Nr. 2 dokumentiert.

R.S.

Abkommen zwischen der Bundesrepublik Deutschland und dem Staate Israel

In der Erwägung

daß während der nationalsozialistischen Gewaltherrschaft unsagbare Verbrechen gegen das jüdische Volk verübt worden sind, und

daß die Regierung der Bundesrepublik Deutschland in ihrer Erklärung vor dem Bundestag vom 27. September 1951 ihren Willen bekundet hat, in den Grenzen der deutschen Leistungsfähigkeit die materiellen Schadensfolgen dieser Taten wiedergutzumachen, und

daß der Staat Israel die schwere Last auf sich genommen hat, so viele entwurzelte und mittellose jüdische Flüchtlinge aus Deutschland und den ehemals unter deutscher Herrschaft stehenden Gebieten in Israel anzusiedeln und deshalb einen Anspruch gegen die Bundesrepublik Deutschland auf globale Erstattung der entstandenen Eingliederungskosten geltend gemacht hat,

sind der Staat Israel und die Bundesrepublik Deutschland zu folgender Vereinbarung gelangt:

Artikel 1

(a) Im Hinblick auf die vorstehenden Erwägungen zahlt die Bundesrepublik Deutschland an den Staat Israel einen Betrag in Höhe von 3000 Millionen Deutsche Mark.

(b) Darüber hinaus zahlt die Bundesrepublik Deutschland in Übereinstimmung mit der Verpflichtung, die in Artikel 1 des heute von der Regierung der Bundesrepublik Deutschland und der Conference on Jewish Material Claims against Germany unterzeichneten und diesem Abkommen beigelegten Protokolls Nr. 2 übernommen worden ist, an Israel zu Gunsten der genannten Conference einen Betrag in Höhe von 450 Millionen Deutsche Mark; dieser Betrag von 450 Millionen Deutsche Mark ist für den in Artikel 2 des erwähnten Protokolls festgelegten Zweck zu verwenden.

(c) Die folgenden Bestimmungen dieses Abkommens finden auf den sich somit ergebenden Gesamtbetrag von 3450 Millionen Deutsche Mark Anwendung, vorbehaltlich der Bestimmungen der Artikel 3 Absatz (c) und 15.

Artikel 2
Die Bundesrepublik Deutschland wird den in Artikel 1 Absatz (c) erwähnten Betrag nach Maßgabe der Artikel 6, 7 und 8 für den Ankauf solcher Waren und Dienstleistungen zur Verfügung stellen, die der Erweiterung der Ansiedlungs- und Wiedereingliederungsmöglichkeiten für jüdische Flüchtlinge in Israel dienen. Um den Ankauf dieser Waren und die Beschaffung dieser Dienstleistungen zu erleichtern, trifft die Bundesrepublik Deutschland Maßnahmen und gewährt Vergünstigungen, soweit sie in den Artikeln 5, 6 und 8 bestimmt sind.

Artikel 3
(a) Die in Artikel 1 dieses Abkommens übernommene Verpflichtung wird, unbeschadet der Bestimmungen des Artikels 4, durch die Zahlung von Jahresleistungen wie folgt getilgt: (...)
(c) (...) Die Israelische Regierung wird, wenn solche Jahresleistungen eingegangen sind, der Conference on Jewish Material Claims against Germany oder deren Rechtsnachfolger oder Rechtsnachfolgern innerhalb eines Jahres nach Eingang der jeweiligen Jahresleistung einen Betrag zahlen, der dem oben erwähnten Verhältnis entspricht.
(d) Die Jahresleistungen sind in Übereinstimmung mit Artikel 9 zahlbar auf das Konto der Israelischen Mission bei der Bank Deutscher Länder oder einer an deren Stelle tretenden Zentralnotenbank. (...)

Protokoll Nr. 2
Aufgesetzt von Vertretern der Regierung der Bundesrepublik Deutschland und der Conference on Jewish Material Claims against Germany, die aus den folgenden Organisationen besteht:

Agudath Israel World Organization
Allinace Israelite Universelle
American Jewish Committee
American Jewish Congress
American Jewish Joint Distribution Committee
American Zionist Council
Anglo-Jewish Association
B'Nai Brith
Board of Deputies of British Jews
British Section, World Jewish Congress
Canadian Jewish Congress
Central British Fund
Conseil Représentatif des Juifs de France
Council for the Protection of the Rights and Interests of Jews
    from Germany
Delegacion de Asociaciones Israelitas Argentinas (D.A.I.A.)
Executive Council of Australian Jewry
Jewish Agency for Palestine
Jewish Labor Committee
Jewish War Veterans of the U.S.A.
South African Jewish Board of Deputies
Synagogue Council of America
World Jewish Congress
Zentralrat der Juden in Deutschland

Die Regierung der Bundesrepublik Deutschland einerseits und die Conference on Jewish Material Claims against Germany andererseits haben in der Erwägung,
    daß durch die nationalsozialistische Gewaltherrschaft den Juden in

Deutschland und in den ehemals unter deutscher Herrschaft stehenden Gebieten große Werte an Eigentum und sonstigem Vermögen entzogen worden sind;

daß durch die innerdeutsche Rückerstattungs- und Entschädigungsgesetzgebung ein Teil der materiellen Verluste, welche die Verfolgten des Nationalsozialismus erlitten haben, wiedergutgemacht wird und ein Ausbau dieser innerdeutschen Gesetzgebung, vor allem auf dem Gebiete des Entschädigungsrechts, beabsichtigt ist;

daß jedoch erhebliche Werte, wie die in den besetzten Gebieten geraubten, nicht zurückgegeben werden können und Entschädigung für zahlreiche wirtschaftliche Verluste nicht gewährt werden kann, weil infolge der Ausrottungspolitik des Nationalsozialismus keine Anspruchsberechtigten mehr vorhanden sind;

daß sich zahlreiche jüdische Verfolgte des Nationalsozialismus infolge der Verfolgung in Not befinden;

und unter Berücksichtigung der Erklärung des Bundeskanzlers Dr. Konrad Adenauer vor dem Bundestag am 27. September 1951, die von diesem einmütig gebilligt worden ist;

und im Hinblick auf das heute zwischen der Bundesrepublik Deutschland und dem Staate Israel geschlossene Abkommen;

und nachdem gehörig bevollmächtigte Vertreter der Bundesrepublik Deutschland und der Conference on Jewish Material Claims against Germany in Den Haag zusammengetroffen sind,

folgende Vereinbarung getroffen:

Artikel 1
Im Hinblick auf die vorstehenden Erwägungen verpflichtet sich die Regierung der Bundesrepublik Deutschland gegenüber der Conference on Jewish Material Claims against Germany, in dem Abkommen mit dem Staate Israel die vertragliche Verpflichtung zu begründen, zu Gunsten der Conference on Jewish Material Claims against Germany an den Staat Israel einen Betrag von 450 Millionen Deutsche Mark zu zahlen.

Artikel 2
Die Bundesrepublik Deutschland wird ihre zu Gunsten der Conference

on Jewish Material Claims against Germany in dem Abkommen zwischen der Bundesrepublik Deutschland und dem Staate Israel übernommene Verpflichtung durch Zahlung an Israel gemäß Artikel 3 Absatz (c) des genannten Abkommens tilgen. Die so gezahlten und von dem Staate Israel an die Conference on Jewish Material Claims against Germany abgeführten Beträge werden für die Unterstützung, Eingliederung und Ansiedlung jüdischer Opfer der nationalsozialistischen Verfolgung nach der Dringlichkeit ihrer Bedürfnisse, wie sie von der Conference on Jewish Material Claims against Germany festgestellt wird, verwendet, und zwar grundsätzlich für Verfolgte, die bei Abschluß dieser Vereinbarung außerhalb Israels leben.

Die Conference on Jewish Material Claims against Germany wird der Regierung der Bundesrepublik Deutschland jährlich über die von Israel weitergeleiteten Beträge, die Höhe der verwendeten Mittel und die Art der Verwendung Mitteilung machen und hierbei gegebenenfalls anführen, aus welchem wichtigen Grunde ihr zugeleitete Beträge noch nicht verwendet worden sind.

Diese Mitteilungen werden jeweils ein Jahr nach Abschluß des Kalenderjahres erfolgen, in dem gemäß Artikel 3 Absatz (c) des Abkommens zwischen der Bundesrepublik Deutschland und dem Staate Israel die Leistungen an die Conference on Jewish Material Claims against Germany abzuführen sind.

Die Conference on Jewish Material Claims against Germany wird drei Monate vor Fälligkeit der vorletzten von der Bundesrepublik an den Staat Israel zu bewirkenden Jahresleistungen die sich aus Artikel 3 Absatz (c) des erwähnten Abkommens ergebenden und ihr sieben Monate vor dem Fälligkeitstermin zugeleiteten Beträge verwendet haben und hierüber der Regierung der Bundesrepublik Deutschland Mitteilung machen.

Artikel 3
Rechte und Pflichten, die sich aus diesem Protokoll und dem Abkommen zwischen der Bundesrepublik Deutschland und dem Staate Israel ergeben, können von der Conference on Jewish Material Claims against Germany nach vorheriger Benachrichtigung der Regierung der Bundesrepublik Deutschland auf eine oder einige hierfür geeignete jüdische Organisationen übertragen werden.

Artikel 4

Über Streitigkeiten, die sich aus der Auslegung und Anwendung der Bestimmungen der Artikel 2 und 3 dieses Protokolls ergeben, entscheidet die gemäß Artikel 14 des Abkommens zwischen der Bundesrepublik Deutschland und dem Staate Israel vereinbarte Schiedskommission entsprechend den Bestimmungen des Artikels 15 des genannten Abkommens.

Zu Urkund dessen haben der Bundeskanzler und Bundesminister des Auswärtigen der Bundesrepublik Deutschland einerseits und der hierzu gehörig bevollmächtigte Vertreter der Conference on Jewish Material Claims against Germany andererseits dieses Protokoll unterschrieben.

Geschehen am zehnten Tage des Monats September 1952 in Luxembourg in deutscher und englischer Sprache, in je zwei Auslieferungen, wobei die Fassungen in beiden Sprachen gleichermaßen authentisch sind.

Für die Regierung der Bundesrepublik Deutschland
  gez. Adenauer

Für die Conference on Jewish Material Claims against Germany
  gez. Goldmann

II.
Holocaust-Erinnerung

Moshe Zuckermann

Finkelstein und die Instrumentalisierung der Vergangenheit
Reflexionen aus israelischer Sicht

Daß das Geschichtsereignis Holocaust in seinen zentralen israelischen, deutschen und US-amerikanischen Rezeptionsdiskursen mehr oder minder instrumentalisiert wird, ist schon verschiedentlich dargelegt worden, wobei zuweilen (wie im Fall von Martin Walsers berüchtigter Friedenspreis-Rede) die vermeintlich aufklärerische Erörterung der Instrumentalisierung selbst zur Instrumentalisierungsstrategie verkommen mag. Daß bei der nachmaligen Vereinnahmung dieser weltgeschichtlichen Monstrosität eine mittlerweile global wirksame Kulturindustrie eine gewichtige Rolle spielt, dürfte ebenfalls nicht unbekannt sein. Ob dabei freilich eine durchgeplante und zielgerecht betriebene »jüdische« Konspiration (welche die geheimen »Protokolle« der »Weisen von Zion« unweigerlich assoziieren läßt), gar eine auf Profit und Kapitalvermehrung ausgerichtete »jüdische« Industrie am Werk ist, darf nicht nur bezweifelt, sondern muß als überspannte Auslegung des Instrumentalisierungsdiskurses strikt verworfen werden. Nicht, daß es keine Materialisierung der Sühne – und zwar gerade im Rahmen der frühzeitig konstituierten Beziehungen zwischen Israel und der Bundesrepublik Deutschland – gegeben hätte; nicht, daß staatsoffizielle Vereinnahmungen von Holocaust-Erinnerung und -gedenken sich nicht oft bewußt auf heteronome Ziele und Zwecke auszurichten vermochten. Man geht dabei gleichwohl fehl, wenn man den beteiligten Institutionen und individuellen Protagonisten eine bewußt geplante und organisierte, »rationale« Interessen verfolgende, mithin das jüdische Leid zynisch-parasitär ausbeutende Industriemaschinerie unterstellt: Das ist ja gerade das Erschreckende an solcherart ideologisierenden Instrumentalisierungen, daß sie sich als Interessen-, aber auch als Weltanschauungsdiskurse zumeist außerhalb des subjektiven Bewußtseins abspielen, besonders dann, wenn sie vermeinen, ein bestimmtes Ziel zu verfolgen, dabei aber objektiv ein ganz anderes, eben nicht intendiertes Resultat zeitigen. Man tut in diesem Zusammenhang gut daran, von einem »falschen Bewußtsein« zu sprechen.

Bezeichnenderweise ist Finkelsteins, aber auch Peter Novicks Buch in Israel bislang so gut wie gar nicht rezipiert worden; will man von der – freilich vollkommen anders motivierten – Goldhagen-Rezeption ausgehen, dürfte sich voraussagen lassen, daß es künftig auch keine ernstzunehmende Rezeption dieser ideologiekritischen Werke geben wird. Das hängt zum einen damit zusammen, daß die wichtigen Protagonisten der israelischen Holocaust-Geschichtsschreibung (wie im Falle Goldhagens) meinen, alles schon früher gewußt und gesagt zu haben, dem amerikanischen Autor dabei seinen Erfolg nahezu mißgönnen. Zum anderen wird (so im Falle Finkelsteins) das im Begriff der Instrumentalisierung auf den Punkt gebrachte Kritische am jüdischen Holocaust-Diskurs mutatis mutandis auf das israelische bzw. zionistische Shoah-Verständnis bezogen, wobei sich jene monopolistischen Vertreter des hegemonischen Diskurses von nämlicher Kritik angegriffen und bedroht wähnen. Sosehr die kritische Hinterfragung der zionistisch gängigen Holocaust-Rezeption in Israels politischer Kultur mittlerweile legitimiert worden ist, wird sie doch auch noch immer als eine die »nationalen Werte« subvertierende und die allerletzten Tabus durchbrechende, mithin von »postzionistischen« Impulsen herrührende »Mode« verworfen. Daß es bei der Wahrung des zionistischen Holocaust-Narrativs auch um die Erhaltung einer in den letzten Jahren sich zunehmend schwächenden ideologischen Kittfunktion geht, dürfte dabei den wenigsten bewußt werden, obgleich doch alle auch wissen, daß es ein objektives Problem der sogenannten »isralischen Identität« gibt. Hierzu ein Exkurs.

Israelischer Identitätsbruch

Aktuell scheint sich das Problem der israelischen Identität gleichsam von selbst zu lösen: Es herrscht ein blutiger Kampf mit den Palästinensern, und wie man weiß, wirkt gemeinhin nichts kohäsiver auf heterogene Gebilde als die Macht äußerer Bedrohung. Bei Kriegen und Naturkatastrophen pflegen sich von Gegensätzen und Widersprüchen durchwirkte Nationalgemeinschaften nach innen hin zu solidarisieren, die Räson »nationaler Einheit« zu wahren. In der Tat mag sich etwas in dieser Richtung entfaltet haben, als in den letzten Monaten ein Großteil der zionistischen Linken ins Taumeln geriet, die israelische Rechte, die Gunst der Stunde erahnend, sich zu konsolidieren begann und die gesamte politische Landschaft einen nationalen Rechtsruck erfuhr. Da es in den israelisch-palästinensischen Verhandlungen nunmehr ans Eingemachte geht, besinnt man sich sozusagen auf »nationale Werte« und archaische Tabus, auf unüberschreitbare »rote Linien«, aufs national Unverhandelbare.

Gleichwohl zeichnet sich dieser erratische Vorgang durch ein trügerisch Ideologisches aus. Denn nicht nur ist die israelische Gesellschaft von einer bedrohlichen Zerrissenheit gebeutel, sondern der diese Gesellschaft einfassende Staat bzw. die ihm vermeintlich eindeutig unterliegende, selbstgewiß proklamierte Identität sieht sich einer zunehmenden öffentlich-diskursiven Hinterfragung ausgesetzt. Unabhängig vom Ausgang der Wahl des israelischen Premierministers läßt sich behaupten, daß die zu erwartende Dominanz der israelisch-palästinensischen Auseinandersetzung, die seine angehende Amtsperiode zunächst mit großer Sicherheit bestimmen wird, nur vordergründig über die innerisraelische Konfliktträchtigkeit hinwegtäuschen können wird. Daß dabei zwischen der äußeren Bedrohung und dem inneren Konfliktpotential eine Kausalbeziehung bestehen mag, kann - zumindest hypothetisch - angenommen werden: Nicht undenkbar, daß die äußere Bedrohung als solche »aufrechterhalten« wird, damit die bedrohliche innere Explosivität entschärft bzw. vertagt, mithin die »Sicherheitsfrage« ideologisiert werde.

Das Problem der »Identität« verweist dabei nicht nur auf Befindlichkeiten und öffentlich inszenierte Nabelschauen, sondern berührt in der Tat gravierende Strukturmomente der israelischen Gesellschaft, die sich wiederum gewissen Widersprüchen und Aporien in der klassischen Ideologie des Zionismus bzw. der entstandenen Diskrepanz zwischen den Postulaten dieser Ideologie und der aus ihnen hervorgegangenen historischen Praktiken verdanken.

Bekanntlich basierte die zionistische Ideologie von Anbeginn auf der Forderung einer grundsätzlichen Negation der Diaspora. Das jüdische Exil-Leben, welches angesichts der jahrhundertealten Verfolgung der Juden bzw. ihrer Ausgrenzung innerhalb der jeweiligen Residenzgesellschaft als degeneriert begriffen wurde, sollte zugunsten der Grundlegung eines neuen jüdischen gesellschaftlichen Seins, mithin der Schaffung eines so genannten »Neuen Juden« aufgegeben werden. Die historische Verwirklichung dieser Ideale ging mit zweierlei eigentümlichen, sich auf die Gesamtstruktur des Zionismus auswirkenden Abläufen einher. Zum einen vollzog sich die territoriale Bestimmung des zionistischen Staates, noch ehe es die ihn zu bevölkernde Gesellschaft im soziologischen, geschweige denn den diese Gesellschaft einfassenden Staat im politischen Sinne gab. Daß dabei gerade das Territorium Palästinas bzw. Erez Israels ins Auge gefaßt wurde, bezog sich auf den archaisch-mythischen, »jüdisch« sich verstehenden Anspruch auf das von Gott verheißene Land Israel. Daß diese Bestimmung zudem mit dem Ideologem von »Land ohne Volk für ein Volk ohne Land« gerechtfertigt, mithin politisch verfestigt wurde, liegt dem im Zionismus von Anbeginn angelegten Konflikt zwischen Juden und Palästinensern zugrunde. Zum anderen – damit gleichwohl strukturell einhergehend – mußte die den visionär angepeilten Staat zu bevölkernde Gesellschaft nicht nur konsolidiert, sondern erst eigentlich geschaffen, d.h. versammelt und künstlich zusammengesetzt bzw. -gefügt werden. Im Gegensatz zu allen, wie immer unterschiedlich, teilweise konträr abgelaufenen europäischen Nationalstaatbildungen, welche aber stets auf einem bereits jahrhunderte- bzw. jahrtausendelang existierenden Bevölkerungskollektiv auf einem mehr oder minder gleichbleibenden Territorium basierte, mußte das in aller Herren Länder verstreute Exiljudentum erst zusammengeführt, miteinander vermengt und im Sinne der Idealvorstellung vom Neuen Juden »verschmolzen« werden. Hierin nun waren jene Widersprüche angelegt, die sich späterhin als strukturelle Konfliktachsen der israelischen Gesellschaft erweisen sollten.

Denn während sich der klassische politische Zionismus – sei's in seiner osteuropäischen sozialistischen, sei's in seiner mittel- bzw. westeuropäischen liberalen Ausprägung – als eine *säkulare* nationale Befreiungsbewegung des jüdischen Volkes verstand, war das religiöse Moment konstitutiv in seine Selbstbestimmung eingegangen: eben als Kriterium für den Anspruch auf Angehörigkeit im zionistischen Staat und in der raison d'être seiner spezifischen territorialen Bestimmung. Während er sich, wie gesagt, einer westlichen bzw. europäischen Form der nationalen Konsolidierung verschrieb, war er spätestens nach der Gründung des Staates und in Folge des 1948er Kriegs darauf angewiesen, einen massiven Bevölkerungsimport aus dem außereuropäischen bzw. -westlichen Raum zu proklamieren und aktiv zu organisieren. Während er sich in seinen real dominierenden prästaatlichen Grundwerten als spezifisch sozialistisch, späterhin sozialdemokratisch verstand, war das diesen Grundwerten innewohnende Universelle von vornherein durch den Primat des Jüdischen beschränkt, zum anderen aber durch den bald nach der Staatsgründung, spätestens nach dem 1967er Krieg endgültig zum Durchbruch gelangten Kapitalismus kontaminiert. Dem verschwistert: Während sich der Zionismus der Idee des westlichen Bürgerstaates, mithin dem universellen Konzept des Staatsbürgers verpflichtet wußte, wurde schon in der Definition des Staates Israel als Judenstaat dies Universelle formal unterminiert, spätestens nach 1948 zudem durch die in Israel verbliebene, große arabische Minorität, die von Anbeginn das Leben von Bürgern zweiter Klasse zu fristen hatte, soziologisch real widerlegt.

Was sich zunächst aber als Widersprüche im Ideologischen ausnehmen mochte, wurde nun gerade durch die staatstragende Ideologie des Zionismus überdeckt. Über Jahrzehnte erfüllten die klassischen Ideen des Zionismus jene ideologische Kittfunktion, die es einerseits ermöglichte, das Heterogene vermittels der Ideologisierung der von außen kommenden Bedrohung des jüdischen Staates – sei's als reale Sicherheitsfrage, sei's als die zum teleologischen Narrativ des Zionismus funktionalisierte, im Holocaust zur Kulmination gelangte jüdische Leidensgeschichte – zu homogenisieren; andererseits aber auch jeglichen aus besagter Heterogenität strukturell entstehenden Konflikt unter den tagespolitischen Teppich zu kehren und somit zu vertagen. Es ist nun genau diese lange konservierte Kittfunktion, die in den beiden letzten Jahrzehnten ihren Kohäsionscharakter einzubüßen begann, mithin die Frage der sogenannten »israelischen Identität« vom Zaune brach. Zutage traten dabei jene Konfliktachsen, welche heute die bis dahin als selbstverständlich hingenommene Identität nach und nach zu hinterfragen trachten: Der erstarkte religiöse Block in Israels Politlandschaft hat einen neuen jüdisch-religiösen Diskurs mit politischem Anspruch in Israels politische Kultur eingebracht, wobei sich die Orthodoxen zunehmend nationalisierten, während sich die Nationalreligiösen immer mehr orthodoxierten. Es ist nicht übertrieben, von einem drohenden Kulturkampf zu reden, bei dem alle erdenklichen Neuralgien des klassischen Zionismus angerührt werden. Die erstaunliche Erfolgsgeschichte der Shas-Partei, der parlamentarischen Bewegung orthodoxer orientalischer Juden, sowie die Herausbildung einer argumentationskräftigen jungen orientalisch-jüdischen Intelligenz haben die Kritik an der ethnisch verstandenen aschkenasischen Hegemonie in diversen, u.a. kulturellen Bereichen des israelischen Lebens merklich forciert und dabei zumindest die althergebrachten (aschkenasischen) Werte des Zionismus deutlich angerüttelt. Die durch jahrzehntelange Diskriminierung und Unterprivilegierung geschulte arabische Minorität hat – zuletzt endgültig bestärkt durch die von der israelischen Polizei an ihr begangenen Gewalttaten – die Frage ihrer eigenen Selbstbestimmung in die politische Sphäre infiltriert und mit dem sloganhaften Topos »Israel – jüdischer Staat oder Staat all seiner Bürger« zugespitzt auf den Punkt gebracht. Die durch Privatisierung und Kapitalisierung der Wirtschaft in den letzten Jahrzehnten immens vorangetriebene Öffnung der sozialen Schere tat zudem ein Übriges, um die ohnehin anomisch strukturierte israelische Gesellschaftsordnung zunehmend zu entsolidarisieren. Unerörtert sollen hierbei andere gravierende Momente, wie die in den 90er Jahren erfolgte Masseneinwanderung aus der ehemaligen Sowjetunion oder die massive Einfuhr von Fremdarbeitern, bleiben. Auch sie können gleichwohl als Symptome einer wachsenden Pluralisierung der israelischen Gesellschaft gewertet werden.

Was gemeinhin als Problem der »israelischen Identität« apostrophiert wird, ist letztlich die auf den historischen Punkt gekommene Objektivation der im klassischen Zionismus bereits angelegten Widersprüche. Diese im innerisraelischen Konflikt durchzustehen, nimmt sich für viele Israelis als bedrohlich aus. Es könnte sich aber gerade in ihnen eine neue Chance ankündigen. Unabdingbar für diese wäre freilich der Frieden mit den Palästinensern und der übrigen arabischen Welt. Auch er dürfte sich, so besehen, als gewichtiger Faktor bei der Konsolidierung der neuen israelischen Identität erweisen.

Insofern, wie dargelegt, das negative Moment »äußerer Bedrohung« als Kohäsionsfaktor beim Zusammenhalt der strukturell angelegten innerisraelisch-jüdischen Zersplitterung fungierte, spielte dabei der Holocaust von Anbeginn eine zentrale Rolle. Nicht von ungefähr ist in den letzten Jahren zunehmend von einer Instrumentalisierung des Holocaust in der israelischen politischen Kultur die Rede. Zugleich ist aber auch eine sich in verschiedenen Bereichen manifestierende, ideologische Vereinnahmung dieses Begriffs bemerkbar geworden, und zwar durch Kritiker solch unterschiedlicher Provenienz, daß es angeraten sein mag, sich über den Begriff der Instrumentalisierung einige Klarheit zu verschaffen.

Instrumentalisierung der Vergangenheit

Seit Martin Walsers umstrittener Friedenspreis-Rede von Oktober 1998 macht im deutschen Diskurs das Wort von der »Instrumentalisierung« des Holocaust-Andenkens die Runde. Daß Walser dabei von der »Instrumentalisierung der Schande« redete, mithin die Betonung auf die Befindlichkeit(en) des Tätervolkes legte, weniger, wenn überhaupt, vom Unsäglichen, das den historischen Opfern widerfahren war, sprach, gab die Marschroute für die alsbald infolge der Rede entbrannte Debatte an: Von privatem Gewissen war da die Rede, von »durchgängiger Zurückgezogenheit in sich selbst« und »innerlicher Einsamkeit«, womit das Problem der Auseinandersetzung mit den kollektiv begangenen Verbrechen entkollektiviert, die Erörterung diesbezüglicher moralischer Belange entöffentlicht wurde. Solcherweise ins Subjektive verfrachtet, konnte denn die Frage der bildlichen Rezeption der weltgeschichtlichen Monstrosität als eine solche des individuell-psychischen Durchhaltevermögens abgehandelt werden. Da man Auschwitz instrumentalisiere, es als »Moralkeule« fremdbestimmt gebrauche, böten sich Verdrängen und Wegschauen als heilsames Gegenmittel an. Nicht alles müsse man ertragen, schon gar nicht als sensibler Privatmann. Daß freilich Walser mit diesen die »durchgängige Zurückgezogenheit in sich selbst« postulierenden Gedanken nicht in »innerlicher Einsamkeit« verharrte, sondern – ganz im Gegenteil – sie mit größter Verve vor breitester Öffentlichkeit verkündete, mochte die Vermutung aufkommen lassen, ihm selber gehe es nicht so sehr um seinen privaten Seelenfrieden, sondern darum, den deutschen Diskurs über den Holocaust nachhaltig zu beeinflussen; um ein Politisches also. War das legitim?

Die Antwort hierauf bemißt sich zunächst *nicht* am Inhalt. Denn eine, wie auch immer ausgerichtete, Instrumentalisierung der Vergangenheit ist letztlich unumgänglich: Weder dem Einzelnen noch Kollektiven ist es möglich, historisch Geschehenes *nicht* durch die »Brille« des Gegenwärtigen wahrzunehmen und zu erinnern; man kommt ja sozusagen nicht aus seiner eigenen Haut heraus. Und da sich die sozialen, politischen und

Finkelstein und die Instrumentalisierung der Vergangenheit 79

kulturellen Bedingungen der Wahrnehmung fortwährend ändern, wandelt sich auch die Erinnerung – sie ist stets kontextgebunden. Damit sind nicht nur negative Interessen, fremdbestimmte Bedürfnisse und ideologische Verblendungen gemeint, sondern, ganz im Gegenteil, auch nachmaliges Wissen, tiefergehende Reflexion von bereits Gewußtem oder schlicht: die sogenannte »zeitliche Perspektive«. So ist beispielsweise das Schweigen um den Holocaust in den ersten Jahren nach der israelischen Staatsgründung durchaus durch die instrumentellen Interessen, die der staatstragenden, um die Heranbildung des »neuen Juden« bemühten Ideologie des Zionismus zugrunde lagen, erklärbar; nicht minder jedoch spielten dabei in den realen Lebenswelten Momente des noch akuten Traumas, des überlebensstrategischen Bedürfnisses nach Verdrängung und andere psychische Hinderungsfaktoren bei der Auseinandersetzung mit der Monstrosität des Geschehenen eine gewichtige Rolle. Es sollte in manchen Fällen Jahrzehnte dauern, ehe sich die seelische Bereitschaft einstellte, sich mit der eigenen Biographie zu konfrontieren. Ähnliches gilt *strukturell* (obschon unter gänzlich verschiedenen Vorzeichen) auch für die alte Bundesrepublik. Instrumentalisierung im Sinne einer gleichsam »verträglichen« Integration von historisch Geschehenem in die nachmaligen Perzeptions- und Rezeptionsbedingungen ist, so besehen, nahezu unumgänglich. Zu klären bleibt dabei freilich, wann diese notwendige Vereinnahmung des Vergangenen durchs Gegenwärtige ins Heteronome umschlägt, und zwar solcherart umschlägt, daß die gegenwärtige Erinnerung sich dem zu Erinnernden wesenhaft entfremdet. Vom *Inhalt* aus besehen, kann also nicht jede Form instrumentalisierender Erinnerung als legitim erachtet werden: Spätestens, wenn das Wesen des zu Erinnernden im Hinblick auf fremdbestimmte Zwecke entstellt worden ist, wird man behaupten dürfen, daß, zumindest was die herkömmliche raison d'être gemeinhin postulierten Gedenkens anbelangt, ein »unzulässiger« Umgang mit der Vergangenheit stattfindet.

Ausgangspunkt adäquaten Gedenkens muß demgemäß die Erörterung des Wesens des zu Erinnernden bilden. Dabei stößt man freilich, gerade im Falle des Holocaust-Andenkens, auf gravierende Schwierigkeiten. Denn nicht nur läßt sich das Unsägliche der weltgeschichtlichen Katastrophe noch immer weder in ihrer historischen Genese noch in ihren realen Manifestationen bis zum Letzten ergründen; schon das Bestreben, partikulare und universelle Dimensionen der Monstrosität, verschiedene Perspektiven der Täter- und Opferkollektive, aber selbst noch die im Opferkollektiv vorherrschende Heterogenität unter einen umfassenden, gleichsam allgemein gültigen Einheitsbegriff zu subsumieren, scheint sich zunehmend konsensuellem Einvernehmen zu entziehen. Das hat größtenteils damit zu tun, daß die nunmehr über fünfzig Jahre währende Holocaust-Rezeption das Geschichtsereignis interessengeleitet ideologisiert, nicht minder aber auch damit, daß das akkumulierte historische Wissen darum und die sich allmählich einstellende zeitliche Perspektive ein zunehmend differenzierteres Bild von ihm geschaffen haben. So mündete in Israel das über Jahrzehnte proklamierte, zionistisch vereinnahmte Postulat der Einzigartigkeit der jüdischen Shoah in eine *partikular* ausgerichtete hegemoniale Holocaust-Rezeption. Hingegen läßt sich im Deutschland der letzten Jahre die latente Tendenz einer durch die (nun gerade nicht von Staats wegen, sondern vielmehr im öffentlichen Diskurs betriebene) *Universalisierung* des Geschichtsereignisses begründeten »Entjudung« des Holocaust ausmachen. Beide Rezeptionsmuster verdanken sich ideologisierender Vereinnahmung. So mag es denn ideologiekritisch angemessen erscheinen, in Israel das *universelle*, in Deutschland aber gerade das *partikulare* »Gegengift« in den Diskurs zu injizieren. Wenn aber andererseits die sowohl in Israel beanspruchte, als auch in Deutschland im Rahmen der Mahnmal-Debatte thematisierte »Einzigartigkeit der Shoah der Juden« nolens volens in eine (wie immer begründete) Hierarchisierung der Holocaust-Opfer ausartet, stößt man unversehens auf etwas Wesenhaftes: Gerade weil sich das Geschichtsbild mittlerweile ausdifferenziert hat; gerade weil das nachmalige Wissen um die Pluralität der Identitäten seiner Protagonisten und ihre zunehmend enttabuisierte »Zulassung« zum aktuellen Holocaust-Diskurs einer einheitlichen Sicht der weltgeschichtlichen Monstrosität offenbar zuwiderläuft, läßt sich ein ihm innewohnendes Moment der gemeinsamen *universellen* Grundlage bestimmen – der Stand der Opfer qua *Opfer* und (komplementär dazu) der Täter qua *Täter*.

So trivial sich dieser offensichtliche, zudem noch dichotom simplifizierte Tatbestand ausnehmen mag, kodiert er doch jenes allgemeine Moment, um welches es zunächst bei *jedem* adäquaten Gedenken dessen, was historisch geschah, gehen muß: um die Tatsache, daß das, was als »Rückfall in die Barbarei«, als »Zivilisationsbruch« bzw. als »Sonnenfinsternis der westlichen Zivilisation« apostrophiert worden ist, etwas im *historischen* Kontext Geschehenes, von Menschen an Menschen Verübtes ist; daß es also um politische Prozesse, gesellschaftliche Strukturen, kulturelle Zusammenhänge und um Ideologien geht; daß es sich um industrialisierte, bürokratisch angeordnete, administrativ verwaltete Formen der Massenvernichtung von Menschen, also um eine auf modernen Institutionen basierende, gerade im sich der emanzipativen Aufklärung und zivilisatorischen Fortschritts rühmenden Kulturraum zugetragene Praxis der Barbarei handelt. Die Opfer im Stande ihres Opfer- und die Täter in dem ihres Täter-Seins erinnern, heißt jene historischen Zusammenhänge ergründen lernen, welche Menschen letztlich Täter bzw. Opfer haben werden lassen. Es heißt aber zugleich auch, sich der Einsicht verschreiben, daß die jenen historischen Zusammenhängen zugrunde liegenden Strukturen, mithin die stete Drohung *potentiellen* Rückfalls in die Barbarei, noch keineswegs aus der Welt geräumt sind, daß sie ganz im Gegenteil, dem verblendeten Alltagsblick allgemeinen materiellen Wohlstands und gesellschaftlicher Behaglichkeit freilich unsichtbar geworden, welthistorisch durchaus fortbestehen.

Damit ist mitnichten gesagt, daß das spezifisch *Jüdische* an der Shoah der Juden ignoriert werden könne. Was an Juden verbrochen worden ist, ist ihnen als Juden widerfahren. Das sollte sich vor allem die deutsche Gedenkkultur stets vor Augen halten. Es muß gleichwohl auch festgehalten werden, daß die vermeintlich *homogene* jüdische Identität den Juden als solchen zumeist »von außen« (d.h., von Nichtjuden) aufgezwungen wurde; daß sie also *objektiv* als solche bestimmt wurden, ohne daß dabei ihre eigene - *subjektive* - Selbstbestimmung beachtet worden wäre. Daß also Juden auf der Rampe von Auschwitz orthodox-religiös, traditionell oder atheistisch, daß sie kommunistisch, konservativ oder liberal, daß sie arm oder reich, gebildet oder ignorant, zionistisch, nichtzionistisch oder gar antizionistisch sein konnten; daß sich darüber hinaus im heutigen Israel die Holocaust-Diskurse orthodoxer und säkularer, aschkenasischer und orientalischer, neueingewanderter und alteingesessener, alter und junger Juden gravierend unterscheiden mögen, verweist darauf, daß der Begriff des Jüdischen am Holocaust eher die objektive Fremdbestimmung des Juden als solchen meint, weniger, wenn überhaupt, das individuelle Selbstverständnis. Aber genau das ist es, was die Juden qua Juden zum eigentlichen Paradigma der weltgeschichtlichen Monstrosität erhebt. Denn eines war all den Juden des Holocaust, spätestens auf der Rampe von Auschwitz, und zwar unabhängig von ihrer »vormaligen« Identität, von ihrer nationalen, ethnischen, kulturellen, klassenmäßigen Zugehörigkeit, gemeinsam: Sie wurden *alle* zu Opfern; und die, die sie zu solchen machten, wurden zu Tätern. Die praktisch vollführte, systematisch betriebene Vernichtung der Juden als einer zur Ausrottung *vor*bestimmten Menschenkategorie hat sie folglich zur paradigmatischen Verkörperung der Opfer im welthistorischen Maßstab werden lassen.

Es ließe sich, so besehen – über das authentische *partikulare* Andenken hinaus – das Andenken der Juden im Stande ihres Opferseins als ein Allgemeines denken. Ohne die spezifische Erinnerung eines bestimmten Kollektivs an *seine* Opfer antasten zu wollen, könnte die paradigmatische Dimension des jüdischen Holocaust-Schicksals zur Grundlage *universeller* Erinnerung der Opfer erhoben werden, wobei es dann freilich keiner partikular bestimmten – religiösen, ethnischen, nationalen – Identität der Opfer mehr bedürfte, sondern eben dessen, was alle *auf* der Rampe von Auschwitz bereits waren und erst recht schon bald *nach* der vermeintlich noch sortierenden Selektion wurden: *Opfer*. Die anonymisierende Tendenz entspräche dabei einerseits der inneren Tendenz des weltgeschichtlichen barbarischen Gewaltaktes, konterkarierte aber andererseits die ebendiesem Gewaltakt zugrunde liegende Ideologie: Die zur Ausrottung bestimmten »Untermenschen« würden *allgemein* – enthierarchisiert! – als *Menschen* erinnert werden. Menschen (und keine Dämonen) haben den Holocaust an Menschen (und keinen »Untermenschen«) verbrochen.

Die kollektive anamnetische Handlung verfolgt also einen Doppelzweck. Zum einen ist sie bestrebt, der konkreten historischen Opfer zu gedenken. Die Benjaminsche Vorstellung vom Erinnerungs- als einem »rettenden« Akt spielt dabei eine zentrale Rolle, darf allerdings nicht narzißtisch vereinnahmt bzw. ideologisch verdinglicht werden. Schon in absehbarer Zukunft, wenn die Generation der Opfer und der Täter nicht mehr da sein wird, dürfte sich diese Gedenkpraxis ohnehin größtenteils in die Sphäre der Erinnerungskulturen partikularer Lebenswelten und individuellen, privaten Andenkens verlagern. Zum anderen versteht sich aber der kollektive Erinnerungsakt als Grundlage einer auf die Zukunft ausgerichteten Handlungsmaxime. Das Wozu der Erinnerung ist hierbei »instrumentell« rasch beantwortet: auf daß »Auschwitz sich nicht wiederhole, nichts Ähnliches geschehe« (Adorno). Was damit praxisbezogen einhergeht, ist denkbar einfach, letztlich trivial. Denn wenn es primär darum geht, die historischen Bedingungen des Holocaust als politische

Prozesse, gesellschaftliche Determinanten, kulturelle Zusammenhänge und Ideologien zu begreifen, zudem die Einsicht aufrechtzuhalten, daß die Strukturen, die diesen historischen Bedingungen zugrunde liegen, noch keineswegs aus der Welt geräumt sind, dann kann es sich bei diesem – der Opfer im Stande ihres Opferseins gedenkenden – Erinnerungsakt um nichts anderes, als um eine jene Strukturen radikal bekämpfende, sie aus der Welt zu räumen bestrebte politische, soziale und kulturelle Praxis handeln. Nur eine jeglichem Rassendünkel, ethnisch motiviertem Vorurteil, autoritärer Obödienzgesinnung und gesellschaftlicher (auch wirtschaftlicher) Ausgrenzung, Verfolgung und Ausbeutung rigoros entgegentretende, mithin um wirkliche Demokratie, soziale Gerechtigkeit und kulturellen Pluralismus bemühte politische Praxis wäre im Stande, die gesellschaftlich bedingte, historisch entstandene und kulturell legitimierte Existenz von *Opfern* als solchen tendenziell aufzuheben, somit aber auch der historischen Opfer im Stande ihres Opferseins wahrhaft zu gedenken.

Fazit

Zu fragen wäre, welche Rolle Finkelsteins Buch im Kontext dieser Fragestellung spielen mag. Der ihm eigene ideologiekritische, von aufklärerischer Absicht durchwirkte Impuls indiziert seine tendenziell emanzipative Dimension. Daß es dabei in Israel eher ignoriert wird, hat vor allem mit der inneren Logik des israelischen Holocaust-Diskurses zu tun: Bei aller eigenen Zersplitterung in den letzten Jahren weist es doch deutliche Grenzen für das diesbezügliche »legitime« Spielfeld auf. Doch verspielt auch Finkelsteins Buch selbst das ihm innewohnende emanzipative Potential; vor allem deshalb, weil die in ihm enthaltenen Falschbehauptungen, sein überspannter Argumentationsduktus und die es durchdringende polemische Wortwahl sich dermaßen diskreditierend ausnehmen, daß sie den Brückenschlag zu einem in emanzipatorischer Absicht vollzogenen Aufklärungsdiskurs regelrecht konterkarieren. Es kann sogar behauptet werden, daß Finkelstein mit seinem verschwörungstheoretischen Weltbild dazu beiträgt, daß bisherige und künftige kritische Aufarbeitung der Geschichte und des Umgangs mit ihr in der öffentlichen Rezeption erinnerungsabwehrende, gar antisemitische Vorzeichen bekomme.

Doch nicht nur um Norman Finkelsteins umstrittene Thesen ging es jüngst, sondern auch darum, ob sie in Deutschland publiziert werden sollten. Wer immer für ein Publikationsverbot plädiert, geht wohl kaum davon aus, daß es im Zeitalter globalisierter Kommunikation noch möglich sei, unliebsame Diskurse einem (aus welchen Gründen auch immer) interessierten Publikum vorzuenthalten. Nicht von ungefähr entbrannte vor einigen Jahren die Goldhagen-Debatte, noch eher das provokante Buch des amerikanischen Sozialwissenschaftlers in deutscher Sprache erschienen war. Weder staatliche noch selbstauferlegte Zensur kann heutzutage noch die Übermittlung andernorts öffentlich zugängiger Information längerfristig verhindern. Entsprechend geht es bei der Diskussion über eine mögliche Publikation des Finkelstein-Buches in Deutschland um Fragen, die eher die Symbolebene des öffentlichen Diskurses, weniger um solche, die eine effektive Verhinderung der Publikation belangen: Kann es sich »Deutschland« moralisch »leisten«, im Zeitalter zunehmender rechtsextremistischer Übergriffe der Veröffentlichung eines Textes zuzustimmen, der – von einem Juden verfaßt – gerade aus der dem Autor des Textes wie auch dem liberalen »Deutschland« unliebsamsten, politisch verworfensten Ecke Beifall erheischen könnte?

Für den Autor stellt sich dieses Problem als eine persönliche Gewissensfrage: Wohl wird er sich damit »beruhigen« können, daß er die unerwünschte Rezeption seines Textes ohnehin nicht hätte beeinflussen, geschweige denn verhindern können; und dennoch wird er sich die Frage gefallen lassen müssen, was ihn zur Publikation bewogen haben mag. Ähnlich wie der Verlag, der primär durch die Aussicht auf großen Profit motiviert gewesen sein dürfte (was freilich in der inneren Logik seiner Funktion als Geschäftsunternehmen liegt), wird auch er sich dem Vorwurf, von fremdbestimmten Erwägungen und Zwecken bewegt worden zu sein, stellen müssen. Für »Deutschland« stellt sich das Dilemma als Imagefrage: Was heißt es für seine Gedenkkultur, wenn es eine von Juden und jüdischen Institutionen praktizierte, materiell ausgerichtete Holocaust-Instrumentalisierung zum legitimen Topos seiner öffentlichen Debatte um die Vergangenheit erhebt? Wie würde der mit einer solchen »normalisierenden« Absolution der Fragestellung einhergehende Tabubruch und die ihm innewohnende »Schlußstrich«-Tendenz (»im Ausland«) aufgenommen werden?

Sowenig diese neuralgischen Momente des nach außen vermittelten kollektiven Selbstbildes unterbewertet werden sollten, muß doch festgestellt werden, daß ihre potentielle Überwindung nur dann denkbar ist, wenn man sich ihnen stellt und sie eben nicht durch bewußte Ausschließung und Verdrängung unter den politisch korrekten Diskursteppich kehrt. Nur die offene Auseinandersetzung mit Finkelsteins Thesen könnte das Problematische an ihnen und die durch dieses Problematische angerührte »deutsche« Idiosynkrasie angemessen konfrontieren. Genau hierfür ist es unumgänglich, Finkelsteins Text auf Deutsch zu publizieren. Der von falscher Seite dabei zu erwartende Beifall muß in Kauf genommen werden. Daß ein solcher falscher Beifall noch immer (bzw. schon wieder) einen festen Bestandteil deutscher politischer Realität darstellt, ist freilich der eigentliche Grund zur Besorgnis.

Micha Brumlik

Die Graduierung des Grauens

Zum geschichtsphilosophischen Hintergrund der neuen Debatte über die Holocaust-Erinnerung

I.

Das Erscheinen der Bücher von Peter Novick und Norman Finkelstein hat zur Vertiefung einer Debatte geführt, die schon im Historikerstreit und in der Auseinandersetzung um das »Schwarzbuch des Kommunismus« angerissen wurde, dann aber mehr oder minder versandete. Während es im Falle von Ernst Nolte und Stéphane Courteois nahe lag, die Frage nach der Relativierung der Holocaust genannten Massenvernichtung der europäischen Juden unter Hinweis auf apologetische Tendenzen abzuwehren, scheint dieser Ausweg diesmal nicht gegeben. Sogar wenn man Norman Finkelstein des Linksradikalismus, des jüdischen Selbsthasses und des fanatischen Antizionismus zeiht, ist an dem Umstand, daß seine Eltern Überlebende der Massenvernichtung sind, nicht zu rütteln und sein Anliegen, das Martyrium der Opfer vor Vernutzungen zu bewahren, aller Ehren wert.

Peter Novick, auf dessen sorgfältiges Buch sich Finkelsteins Pamphlet zum großen Teil mißbräuchlich stützt, argumentiert indessen so abgewogen, wohl belegt und zurückhaltend, daß es schlechterdings keinen Anlaß gibt, seine Ergebnisse zurückzuweisen. Daß die in den jüdischen Gemeinschaften der USA gepflogene Beschäftigung mit der Massenvernichtung oft einem Religionsersatz gleichkommt und keine spontane, anhaltendeReaktion auf das Bekanntwerden der Verbrechen war, kann nun als bewiesen gelten. Diese Erinnerung wurde mit zwanzig Jahren Verzögerung im Rahmen der Selbstfindungsinteressen der zersplitterten jüdischen Gemeinschaften der USA konstruiert und spätestens seit den frühen siebziger Jahren mit außenpolitischen Interessen der USA und Israels gekoppelt.

II.

Indes: Der Hinweis auf den Konstruktionscharakter einer kollektiven Erinnerung sagt noch nichts über deren Wahrheitsgehalt bzw. ihren praktisch-moralischen Wert aus. Die Frage, ob die behauptete Singularität des Holocaust der Sache nach berechtigt ist, kann durch die Beobachtung des Entstehens dieser Auffassung nicht entschieden werden. Auch und sogar dann, wenn ein historisches Ereignis erst mit einiger Verzögerung seinen Raum in der Öffentlichkeit gewinnt, ist damit noch nichts über seine Bedeutung ausgesagt. Umgekehrt gilt, daß kollektive Erinnerungen, die kurzfristig und heftig wirken, langfristig zu Recht an Gewicht verlieren. Wer interessiert sich heute noch für die im Wilhelminischen Reich immer wieder zelebrierte Schlacht bei Sedan? Viele, Peter Novick eingeschlossen, die zu Recht auf den langwierigen Prozeß des Entstehens eines Holocaustbewußtseins in den USA hinweisen, verwechseln bei der Bewertung dieses Prozesses Wahrnehmungs- mit Wahrheitsfragen.

Ein näherer Blick auf Finkelsteins und Novicks moraltheoretische Annahmen bringt denn auch schnell zu Tage, daß es keineswegs nur um mentalitätsgeschichtliche Fragen, sondern um schwierigste Fragen des moralischen Universalismus bei der Betrachtung der Welt- und Zeitgeschichte geht. So schließt Novick sein Buch mit der Frage, ob eine Gedenkstätte für die Opfer der Sklaverei in Berlin nicht ähnlich sinnvoll oder sinnlos wie die jetzt geplante Holocaustgedenkstätte sei, während Finkelstein bei öffentlichen Auftritten allen Ernstes behauptet, daß die Konzentration auf den Holocaust von der US-amerikanischen Ausrottungspraxis wider die Indianer ablenke. Beide stellen zudem das moralisch ebenfalls bedeutsame Thema der Instrumentalisierung in den Mittelpunkt, wobei Finkelstein sich als der Konsequentere erweist: Im Unterschied zu Novick scheint er nicht zu meinen, daß jede Befassung mit den Opfern der Weltgeschichte instrumentell sein müsse. Novick teilt demgegenüber die in den USA tief sitzende, im besten Sinne pragmatische Haltung, wonach alle Handlungen, auch das Gedenken, bestimmten Zwecken dienen.

III.

So stehen zwei eng miteinander verbundene Themen im Zentrum der Debatte: ein geschichts- sowie ein praktisch-philosophisches Problem. Läßt sich die Rede von der Einmaligkeit des Holocaust halten, ist sie mehr als eine - wie Novick behauptet - inhaltsleere Formel? Lassen sich darüber hinaus unterschiedlich legitime Formen des öffentlichen und politischen Bezugs auf die Ermordeten, ihr Leiden und ihr Schicksal unterscheiden? Fragen der Trauer und der Erinnerung - auch geschichtsphilosophischer Art - lassen sich bisweilen besser beantworten, wenn man einen Blick auf die ganz normale Alltagspraxis auch des Trauerns wirft. Das nämliche gilt für die Frage der unterschiedlichen Schwere von Verbrechen. Der Sinn von Grabsteinen scheint keinem weiteren Zweck zu dienen denn der Erinnerung daran, daß ein Mensch gelebt hat, gestorben ist und auf eigene Weise, in einem eingegrenzten Bezirk, zur Gemeinschaft gehört. Dies ganz alltägliche Gedenken ist zweckfrei, obwohl sich auch hier -etwa an Größe und Prunk eines Grabsteins - sekundäre Zwecke identifizieren lassen. Das Strafgesetzbuch, das auf der Trennung von Moral und Recht beruht, läßt mit seinen unterschiedlichen Sanktionsmaßen dennoch keinen Zweifel daran, daß die vom Staat zu schützenden Rechtsgüter unterschiedlich wertvoll sind. Betrug wird minder hart bestraft als Totschlag, Mord härter als wiederholte Leistungserschleichung. Niemand würde am Sinn zweckfreien Gedenkens im alltäglichen Leben und der alltagssprachlich und auch institutionell eingeübten Praxis der unterschiedlichen Bewertung von Vergehen wider Moral und Recht zweifeln. Was spricht grundsätzlich dagegen, diese Logik auch bei der Beurteilung von Staats- und Kollektivverbrechen anzuwenden?

Novick wehrt sich gegen die Singularitätsbehauptung des Holocaust, weil damit entweder andere Großverbrechen - wie etwa der Genozid in Ruanda - in ihrer Bedeutung herabgesetzt oder im Falle einer Gleichsetzung - wie im Fall Bosnien - unkontrollierbare Handlungslegitimationen ausgestellt würden - wie der Bombenkrieg der NATO gegen Jugoslawien, der Tausenden Unschuldigen das Leben kostete.

Den Vorwurf der politischen Instrumentalisierung des Gedenkens hingegen will er nicht erheben, da dies ohnehin unvermeidlich sei - der Gedanke eines zweckfreien, von politischer Vernutzung freien Gedenkens ist dem Historiker der Verbandspolitik nicht vorstellbar.

Aus beidem, der Ablehnung der Graduierung der Schwere von Großverbrechen hier und der Toleranz gegenüber der politischen Nutzung von Opfern dort - Novick findet nichts Anstößiges daran, daß »Lebensschützer« abgetriebene Föten mit den Opfern der Shoah gleichsetzen - resultiert eine generelle Skepsis gegenüber den Einsichtseffekten weltgeschichtlicher Erinnerung. Sinn und Zweck historischer Forschung bestehen dann nur noch in sich selbst, Lehren für einen anderen Umgang von Menschen bzw. für eine tiefere Einsicht in das Wesen der menschlichen Würde anhand ihrer Verletzbarkeit sind damit ausgeschlossen.

IV.

Die israelischen Philosophen Avishai Margalith und Gabriel Motzkin haben die Einmaligkeit der Shoah dadurch zu erweisen gesucht, daß sie nicht nur den auch noch auf die letzte jüdische Person dringenden Mordwillen, sondern auch die bisher nicht bekannte Kombination von körperlicher Ausbeutung, namenloser Erniedrigung, schmählichstem Tod und industrieller Vernutzung der sterblichen Überreste hervorgehoben haben. Auch hier liegt eine Graduierung des Grauens vor, die der Alltagspraxis, der kriegerischen jedenfalls, keineswegs fremd war. Im symbolischen Universum der Hinrichtung war es nie gleichgültig, ob man enthauptet, erschossen, gehenkt oder einfach erwürgt wurde.

Die Frage, ob die nationalsozialistische Massenvernichtung der Juden einmalig war, mag also durchaus streitig debattiert werden und setzt Vergleiche geradezu voraus. Sie ist aber damit ebensowenig sinnlos wie der Begriff der »Einmaligkeit« leer ist. Novicks Toleranz gegenüber politischer Instrumentalisierung bricht sich damit an Finkelsteins Willen, dem Martyrium der Opfer die Treue zu halten. In einem allerdings stimmen sie überein. Im Unwillen, die unterschiedliche Schwere von Großverbrechen zu beurteilen, wird die der Sache nach unbegründete Angst politisch linksstehender Universalisten deutlich, es damit an Solidarität fehlen zu lassen.

Diese Angst ist deshalb unbegründet, weil auch und gerade eine universalistische Moral auf Prinzipien angewiesen ist, deren Gewicht sich erst an ihrer Verletzung messen läßt. Moralische Prinzipien jedoch sind – anders als das Teile der kantianischen Tradition meinen – alles andere als lediglich in sich widerspruchsfreie moralische Postulate, sondern Regeln zur Bewahrung menschlicher Integrität in körperlicher, psychischer und sozialer Hinsicht. Schon der erste Satz des ersten Artikels des Grundgesetzes trägt dem Rechnung: »Die Würde des Menschen ist unantastbar. Es ist kein Zufall, daß der Begriff der Würde auf das Engste an den Gedanken ihrer Verletzung geknüpft ist – eine Würde, die nicht verletzt werden kann, ist keine.

V.

In dem, was die Weltgeschichte bisher an Beispielen für die Verletzung der menschlichen Würde hervorgetrieben hat, ist die Shoah bisher – so zynisch muß man sprechen – unübertroffen. Das heißt weder, daß nicht noch weitergehende Formen der Verletzung in Zukunft möglich sind, noch, daß historische Forschung nicht weitergehende Verletzungen zu entdecken vermag. Mit der Shoah ist in der Tat ein Negativmaßstab zur Beurteilung der Weltgeschichte in moralischer Hinsicht gegeben, ein Maßstab, der der Institutionalisierung und dem Schutz der Rechte des Menschen zu Grunde liegt. Novicks Historismus und Finkelsteins Martyriologie treffen sich letztlich in einem moralischen Skeptizismus, der ihre vehement oder feinsinnig vorgetragenen Argumente Lügen straft. Was wie eine Ausweitung und Bekräftigung des moralischen Universalismus wirkt, entpuppt sich endlich als durch und durch politische Parteinahme zugunsten verfolgter Minderheiten. Dem Grauen der historischen Erfahrung vermag dieser Wille zur Solidarisierung nicht standzuhalten.

III.
Deutsche Reaktionen als Paradigmenwechsel

Wolfgang Wippermann

Ein »Spezialist für Israelfragen«

Finkelstein gegen Goldhagen und andere »jüdische Geschäftemacher«

Als »Spezialist für Israelfragen« wurde Norman G. Finkelstein der hiesigen Öffentlichkeit vorgestellt[1], als 1998 sein Buch über die »Goldhagen-These und die historische Wahrheit« auf den deutschen Markt kam. Daß diese Charakterisierung ohne Wissen, ja gegen den Willen Finkelsteins erfolgte, scheint mehr als unwahrscheinlich zu sein.

Doch was ist ein »Spezialist für Israelfragen« und warum soll es Finkelstein sein? Der Begriff ist mehr als ungewöhnlich. Es gibt zwar verschiedene Historiker und Politikwissenschaftler, die sich mit der Geschichte und Gegenwart Israels beschäftigen, doch keiner von ihnen hat sich als »Spezialist für Israelfragen« ausgegeben. Und dies mit gutem Grund. Schließlich gibt es gar keine »Israelfrage«. Genauso wenig wie es eine »Judenfrage« gab. Sie wurde nur von den Antisemiten konstruiert und schließlich auch von ihnen »gelöst«. Nach der nationalsozialistischen »Endlösung der Judenfrage« ist der Staat Israel entstanden. In Frage gestellt wird er eigentlich nur von einigen – keineswegs allen – Palästinensern. Einige von ihnen träumen sogar von einer »Endlösung« der »Israelfrage«.

Was hat das alles mit Norman G. Finkelstein zu tun? Er hat einige Aufsätze und Bücher zum Nahostkonflikt publiziert, in denen er Partei für die Sache der Palästinenser genommen hat.[2] Dies ist legitim und vielleicht sogar ehrenwert. Doch mußte er Israel so angreifen, daß ihn der deutsche Historiker Hans Mommsen als »pointiertesten Kritiker des Zionismus« lobte?[3] Mit dem Antizionismus ist dies nämlich so eine Sache. Häufig geht er in Antisemitismus über. Davon zeugen keineswegs nur arabische, sondern auch einige deutsche Antizionisten, deren vorgeblich linke Gesinnung sie nicht vor gewissen antisemitischen Ausfällen geschützt hat. Doch dies ist eine andere Geschichte.

Ein »Spezialist für Israelfragen«

Kommen wir zu einer anderen Frage: Was motiviert und vor allem qualifiziert einen »Spezialisten für Israelfragen«, sich mit dem Buch eines Holocaustforschers auseinanderzusetzen? Für seinen damaligen deutschen Verleger ganz offensichtlich die gemeinsame jüdische Herkunft: Der jüdische »Spezialist für Israelfragen« Finkelstein verteidigt »die Deutschen« gegen den ebenfalls jüdischen und von Rudolf Augstein als »Scharfrichter« titulierten Goldhagen, der in seinem Bestreben, sich an den deutschen Tätern zu rächen, ihre rassistische Denkweise übernommen habe.[4]

So und nicht anders muß man den Klappentext der deutschen Ausgabe seines Buches interpretieren, in dem Finkelstein mit den Worten gelobt wird: Er decke mit seiner wohlfundierten Polemik einen beunruhigenden Hintergrund auf. Indem Goldhagen sich weigere, den deutschen Antisemitismus mit dem anderer Völker zu vergleichen, indem er ihn allein aufgrund seiner monströsen Folgen von vornherein für einzigartig erkläre und indem er ohne Rücksicht auf die historische Wahrheit die Quellen zurechtbiege, bestätige er ein manichäisches Weltbild, in dem Deutsche stets das Böse, Juden aber die Unschuld verkörpern. Er bestätigt damit auch, läßt sich weiter folgern, die Vorstellung, daß Deutsche und Juden etwas Besonderes, anders als andere Völker seien – eine Vorstellung, die auch dem Antisemitismus zugrunde liegt.[5]

Doch stimmt dies alles?[6] Hat Goldhagen den deutschen Antisemitismus für einzigartig erklärt? Keineswegs! Natürlich weiß Goldhagen, daß es Antisemitismus auch in anderen Ländern gegeben hat und immer noch gibt. Er hat auch gar kein Buch über den Antisemitismus, sondern über den Holocaust geschrieben. Und dieses Verbrechen wurde nun einmal von Deutschen verübt. Doch warum? Welche Motive hatten die deutschen Täter? Dieser Frage ist Goldhagen in drei Fallstudien über die Todesmärsche am Ende des Krieges, die sogenannten Arbeitslager für Juden und vor allem in seiner akribisch genauen Analyse der vom Polizeibataillon 101 begangenen Massenmorde nachgegangen. Seine Antwort wirkt schon fast banal: Die Mörder wußten, was sie taten. Sie haben Juden aus primär, ja fast ausschließlich antisemitischen Motiven ermordet. Doch mit dieser, um es hier bereits zu sagen, quellenmäßig belegten Antwort wollte sich Goldhagen nicht zufrieden geben. Er ging einen Schritt weiter.

Wenn die Mörder Antisemiten waren, dann, so folgerte er, muß der Antisemitismus schon deshalb in der deutschen Gesellschaft weit verbreitet gewesen sein, weil die Mörder – hier vor allem die Angehörigen des genannten Polizeibataillons – einen repräsentativen Querschnitt der Gesamtbevölkerung darstellten. Ob diese Methode, die der heutigen Meinungs- und Wahlforschung entnommen ist, die ebenfalls mit repräsentativen »samples« arbeitet, legitim ist oder nicht, kann und muß hier nicht weiter diskutiert werden, zumal sich auch Finkelstein dazu nicht weiter geäußert hat.

Doch mit der, übrigens auch durch andere Studien gestützten Feststellung, daß zwar nicht alle, wohl aber viele Deutsche während der NS-Zeit antisemitisch eingestellt gewesen sind, hat sich Goldhagen nicht begnügen wollen. Wenn, so lautet seine dritte und letzte These, »die« oder zumindest viele »Deutsche« in der NS-Zeit Antisemiten waren, dann kann dieses Faktum nicht allein mit der NS-Zeit erklärt werden, dann muß der Antisemitismus tief in der deutschen Geschichte und Kultur verwurzelt gewesen sein. Auch diese These ist alles andere als neu und auch keineswegs von Goldhagen erfunden. Sie findet man bei vielen anderen (jüdischen und nichtjüdischen) Historikern, die behaupten, daß der moderne Antisemitismus über eine weit zurückreichende Vorgeschichte verfüge, weshalb ein ziemlich gerader Weg »vom Vorurteil zur Vernichtung« geführt habe.[7]

Goldhagens Buch rief ein breites und vor allem in Deutschland überwiegend kritisches Echo hervor.[8] Kritisiert wurden seine detaillierte Beschreibung der brutalen Taten der Mörder und seine emphatische Darstellung der Leiden ihrer Opfer. Im Unterschied zum breiten Publikum, das Goldhagens Buch gerade deshalb kaufte, las und intensiv diskutierte, wurde Goldhagens Stil von seinen deutschen Kollegen (die ihn aber nie als solchen anerkannt haben) scharf kritisiert. Dies war nicht unverständlich, denn so emphatisch wie Goldhagen reden und schreiben die deutschen Historiker in der Tat nicht.

Schon um innerhalb der Wissenschaft als Wissenschaftler anerkannt zu werden, bevorzugen sie einen ›wissenschaftlichen‹, aber völlig staubtrockenen Stil. Davon zeugen ihre endlosen Schachtelsätze und ihre Vorliebe für Passivkonstruktionen, mit denen beschrieben wird, wie nicht einzelne, sondern »die Juden« diskriminiert, entrechtet, deportiert und ermordet werden.

Nach der Auffassung der vorherrschenden Richtung gerade der deutschen NS-Forscher wird Geschichte nicht, wie dies kein geringerer als Marx behauptet hat, von Menschen gemacht und, wie zu ergänzen wäre, erlitten, sondern von »Strukturen«. Der Mord an den Juden wird nicht auf die Ideologie der Täter, sondern auf gewisse »kumulative Radikalisierungen« im Bereich der »Institutionen« und »Strukturen« zurückgeführt.[9] Dies alles hat Goldhagen nicht getan, und dies wurde ihm auch vorgeworfen, womit wir bei der fachwissenschaftlichen Kritik an seinem Buch sind: Goldhagen habe keine »kritischen Vorbehalte gegenüber der Scheinhaftigkeit der Ideologie«. Er übersehe die Geschichtsmächtigkeit der »Strukturen« und gehe kaum auf die »kumulativen Radikalisierungen« im »polykratischen« Dritten Reich ein, in dem ziemlich alles, auch der Mord an den Juden »improvisiert« worden sei. Vor allem aber habe Goldhagen den Holocaust nicht mit den Verbrechen anderer Nationen und anderer Zeiten verglichen.

Der letzte Kritikpunkt ist schon kein rein wissenschaftlicher mehr. Dennoch wurde er auch von Wissenschaftlern gegen Goldhagen vorgebracht. Wenn man nicht vergleiche, berücksichtige man nicht, daß ›die anderen‹ schließlich auch Verbrechen begangen hätten. Die Amerikaner hätten die Indianer, die Türken die Armenier und wen alles hätten erst die Kommunisten umgebracht.[10] Außerdem weise die Geschichte der Deutschen neben einigem Schatten viel Sonne auf: Von den Bauernkriegen über die Revolution von 1848, die deutsche Arbeiterbewegung bis zum Widerstand gegen den Nationalsozialismus.

Wenn Goldhagen all dies nicht wahrhaben und immer »die Deutschen« verantwortlich mache, so sei ihm »Quasi-Rassismus« vorzuwerfen. In diesem Zusammenhang wurde dann immer direkt und indirekt auf die jüdische Herkunft Goldhagens verwiesen und insinuiert, er wolle sich für die seinem Volk angetanen Verbrechen an »den Deutschen« rächen. Mit der zitierten Bezeichnung Goldhagens als »Scharfrichter«[11] gab Rudolf Augstein dann dem uralten antisemitischen Stereotyp vom rachsüchtigen Juden eine moderne Form.

Der »Scharfrichter«-Vergleich war eine ganz schlimme Entgleisung, die jedoch einige Jahre zuvor durch die Charakterisierung Gregor Gysis als »Der Drahtzieher« noch in den Schatten gestellt worden war. Der »Spiegel« sah sich dem Antisemitismusvorwurf ausgesetzt. Da kam ihm Finkelstein gerade recht. Finkelstein hätte auch Spezialist für Antarktisfragen oder Atheist oder Buddhist sein können, schon sein Name prädestinierte ihn zum jüdischen Kronzeugen gegen den »jüdischen Scharfrichter« Goldhagen. Bereits im Dezember 1997 publizierte »Der Spiegel« Auszüge aus Finkelsteins Machwerk. In diesem gab Finkelstein zwar vor, nachzuweisen, daß Goldhagens Buch »als wissenschaftliche Arbeit wertlos« sei,¹² doch diesem Anspruch konnte er schon deshalb nicht gerecht werden, weil er keinerlei Quellen, sondern ausschließlich und noch dazu ziemlich willkürlich ausgewählte Sekundärliteratur gegen Goldhagen ins Feld führte. Hier merkt man dann doch, daß Finkelstein »Spezialist für Israelfragen« und kein Historiker ist.

Da fügte es sich, daß eine Schülerin von Eberhard Jäckel, der zu den schärfsten Kritikern Goldhagens gehörte hatte, eine überaus scharfe Rezension von Goldhagens Buch veröffentlichte, über die sich dieser so ärgerte, daß er der Rezensentin mit einem juristischen Verfahren drohte.¹³ Dies war ein Fehler, denn diese Rezensentin heißt Ruth Bettina Birn und ist Chefhistorikerin der Abteilung für Kriegsverbrechen und Verbrechen gegen die Menschlichkeit des kanadischen Justizministeriums. Frau Birn ist eine ausgewiesene Historikerin. Doch davon merkt man bei ihrem Angriff gegen Goldhagen leider nicht viel. Beginnt ihre Rezension doch mit der nachweisbar völlig falschen Behauptung, daß »Goldhagens Buch weder eine Bibliographie noch eine Liste der Archivquellen enthält«.¹⁴ Nicht ganz nachvollziehbar ist auch ihre Kritik an Goldhagens Auswertung der nach 1945 angelegten Prozeßakten.¹⁵ Schon bekannt dagegen der Vorwurf, Goldhagen vergleiche nicht die Untaten der deutschen Mörder mit denen anderer Nationen. Alles in allem rechtfertigt dies nicht den Vorwurf, Goldhagens »Umgang mit der Materie« sei »naiv« und genüge »nicht den üblichen wissenschaftlichen Kriterien«.¹⁶

Dennoch, trotz ihrer unverkennbaren fachwissenschaftlichen Mängel wurde Birns Rezension an Finkelsteins Polemik angefügt, um ihr gewissermaßen ein wissenschaftliches Aussehen zu geben.¹⁷ Dies ist nicht geglückt. Beide, Finkelstein noch mehr als Birn, ergehen sich in purer Polemik gegen Goldhagen und andere jüdische Holocaustforscher. Zunächst kritisiert Finkelstein, daß sich Goldhagen auf die deutschen Täter konzentriert hat. Schließlich hätten ja auch andere Nationen Verbrechen begangen. Dabei geht er als Amerikaner vor allem auf die Amerikaner ein. Er begnügt sich jedoch nicht damit, amerikanische Verbrechen wie den Vietnamkrieg und die Unterdrückung der Schwarzen anzuprangern, er vergleicht sie ständig mit den Untaten der Nazis.¹⁸

Dies geht nun wirklich zu weit. Und wirklich abstoßend ist sein Vergleich zwischen Hitler und Roosevelt, wobei Finkelstein »Hitlers durch und durch rassistisches Argument« als eine »schwächliche Version des Rooseveltschen« bezeichnet.[19] Sicher kann man jeden amerikanischen Präsidenten, auch Roosevelt kritisieren, aber ihn mit Hitler zu vergleichen, ist Nonsens.

Der gegenüber seinem eigenen amerikanischen Volk (und wie noch zu zeigen sein wird gegenüber den Juden) so kritische Finkelstein läßt gegenüber den Deutschen eine bemerkenswerte Milde walten. Sie seien gar nicht so antisemitisch gewesen. Vor Hitler habe es nur »episodische Gewaltausbrüche gegen Juden«[20] und keine wirklich »bösartigen antisemitischen Ausschreitungen« gegeben.[21] Und nach 1933 hätten »die Deutschen den antisemitischen Terror« »in ihrer überwältigenden Mehrheit« verurteilt.[22] Es sei »wissenschaftlicher Konsens«,[23] daß sich die »weitaus meisten gewöhnlichen Deutschen (...) der Gewalt der Nationalsozialisten widersetzt und den Völkermord mißbilligt« hätten.[24] Diese Weißwascherei liest sich ja ganz schön, doch leider fehlen die Beweise.[25]

Besonders vehement kritisiert Finkelstein die keineswegs nur von Goldhagen allein vertretene These von der »Einzigartigkeit des Völkermordes der Nationalsozialisten«.[26] Dabei verweist er einmal auf die Verbrechen der anderen: von den britischen »Konzentrationslagern« im Burenkrieg[27] bis hin zur amerikanischen Atombombe.[28] Doch dann wendet sich Finkelstein zunehmend und mit zunehmender Schärfe gegen die eigentlichen Bösewichter, nämlich die »Holocaust-Ideologen«,[29] die mit ihrer »Holocaust-Literatur« die »Ergebnisse der Holocaust-Wissenschaft« ignorierten.[30] Mit diesen »Holocaust-Ideologen« sind amerikanische Juden gemeint, die sich nach dem »israelisch-arabischen Krieg von 1967« (!) erfolgreich darum bemüht hätten, die »jüdischen Intellektuellen« für den Zionismus zu gewinnen. Als Argument und Instrument hätten sie den »Völkermord der Nationalsozialisten« benutzt und mit der »Holocaust-Literatur« gewissermaßen eine »kleine Heimindustrie« aufgebaut, deren Hauptzweck die »Stärkung des Bündnisses« zwischen den USA und Israel sei, das »nun als eine Bastion der westlichen Zivilisation gegen die arabischen Horden« gefeiert worden sei.[31]

Die Betonung der Einzigartigkeit der Shoah, ja eigentlich fast jede Beschäftigung mit dem Holocaust nütze Israel und dem Zionismus, die zugleich mit dem Argument, jede Kritik an Israel und dem Zionismus sei antisemitisch motiviert, immunisiert würden. »Zu welchen Mitteln Juden auch immer greifen mögen, und wenn es Aggression und Folter sind, stets handelt es sich um legitime Selbstverteidigung«.[32] Darin, in dieser »doppelten Entlastung«, sieht Finkelstein die Funktion der »Holocaust-Literatur«. Als ihren Hauptrepräsentanten nennt und attackiert er den Nobelpreisträger Elie Wiesel.[33] Goldhagens Buch dagegen sei noch nicht einmal »Holocaust-Literatur«, sondern »Holoporn«.[34] Mit der Einführung dieses »Genres« habe Goldhagen die allgemeine »Holocaustindustrie« bereichert.[35] Sie biete »den Juden eine doppelte Entlastung: totale Schuldlosigkeit und totale Lizenz«[36] – zum Töten armer Palästinenser und zum Quälen – fast völlig unschuldiger – Deutscher.

Die so malträtierten Deutschen haben die Hilfe dieses »Spezialisten für Israelfragen« dankbar angenommen, um sich gegen die Angriffe des »jüdischen Scharfrichters« Goldhagen und anderer notorisch rachsüchtiger Juden zu schützen. Dies ist die eigentliche Quintessenz dieses Finkelstein-Buches, auf das Daniel Goldhagen nicht reagiert hat, weshalb man eigentlich noch nicht einmal von einer »Finkelstein-Goldhagen-Kontroverse« reden kann. Um eine Kontroverse handelt es sich jedoch schon. In ihrem Zentrum steht die These von der Singularität der Shoah. Angegriffen wird sie in letzter Zeit von verschiedenen Richtungen, aber mit ähnlichen Argumenten.

So einmal von französischen Ex-Maoisten, die ihre Konversion mit wilden antikommunistischen Tiraden legitimieren, indem sie behaupten, daß »die Kommunisten« viel schlimmere Verbrechen begangen und exakt viermal so viel Menschen umgebracht hätten wie die Faschisten.[37] Bei dieser ›Argumentation‹ stört gewissermaßen der Holocaust, weshalb »den Juden«, bzw. der »internationalen jüdischen Gemeinde« unterstellt wird, sie halte »die Erinnerung an (diesen) Völkermord« für gewisse gegenwartspolitische Zwecke wach.[38]

Deutsche Historiker halten sich zwar mit derartigen Instrumentalisierungsvorwürfen an die Adresse »der Juden« etwas zurück, begrüßen es aber ebenfalls, daß »Auschwitz vom Sockel der negativen Singularität« gestürzt wird,[39] weil dadurch die Deutschen endlich vom »nationalen Trauma der nationalsozialistischen Diktatur« befreit werden.[40]

Finkelstein selber gehört nicht in diesen französischen und deutschen Entlastungsdiskurs, unterstützt ihn und den, wenn man will, ›neuen Antisemitismus‹ nicht trotz, sondern wegen Ausch-witz aber. Finkelstein ist oder war zumindest ein amerikanischer Linker. Sein Engagement für die immer noch diskriminierten und bis vor kurzem auch unterdrückten amerikanischen Schwarzen sowie sein Eintreten für die Sache der Palästinenser haben ihn jedoch zu einer immer schärfer werdenden Kritik an Israel und den amerikanischen Juden geführt, die Israel bedingungslos unterstützten und die Sache der amerikanischen Schwarzen und anderer Minderheiten ›verraten‹ hätten. Ausgangspunkt und Motiv dieses ideologischen Wandels sei die Übernahme der von jüdischer Seite vertretenen These von der absoluten Singularität der Shoah gewesen. Dafür macht er »Holocaust-Literaten« wie Wiesel und Goldhagen verantwortlich, denen er die Herstellung einer »Holocaustindustrie«, ja Holocaustpornographie vorwirft. Die proisraelische und prozionistische Funktion dieser »Holocaustindustrie« will Finkelstein entlarven, wobei ihm völlig zu entgehen scheint, daß er damit zugleich auch das Geschäft der vornehmlich deutschen Relativierer und Verharmloser besorgt, zu deren ›nützlichen Idioten‹ Finkelstein geworden ist.

Dies gilt noch mehr für sein neues Buch über »Die Holocaust-Industrie – Wie das Leiden der Juden ausgebeutet wird«.[41] Hier beschäftigt sich Finkelstein kaum noch mit der Entlastung der deutschen Täter, um sich voll und ganz auf die Belastung der jüdischen Opfer zu konzentrieren.[42] Dies geschieht in der uns bereits bekannten Weise: »Die Juden« instrumentalisierten den Holocaust, um sich selber als Opfer eines »ewigen Antisemitismus« auszugeben. Dies diene der Rechtfertigung der »verbrecherischen Politik« Israels[43] und rechtfertige zugleich die uneingeschränkte Parteinahme der amerikanischen Juden für Israel und gegen die Palästinenser. Beides sei jedoch erst nach dem Sechstagekrieg von 1967 der Fall gewesen, wobei sich die amerikanischen Juden mit Israel und dessen Kampf »gegen die rückständigen arabischen Horden« identifiziert hätten.[44] Vorher habe der Holocaust im »Leben Amerikas« und der amerikanischen Juden »kaum eine Rolle« gespielt,[45] weil man Rücksicht auf den neuen westdeutschen »Nachkriegsverbündeten« und auf den herrschenden Antikommunismus habe nehmen wollen und müssen.[46] Die nach 1967 aufgebaute »Holocaust-Industrie« diene dazu, aus den israelischen Tätern Opfer zu machen und die »jüdische Auserwähltheit zu bestätigen.«[47] Außerdem hätten sich nun die amerikanischen Juden von den Schwarzen abgegrenzt und ihnen Antisemitismus vorgeworfen.

Diese uns bereits bekannten Thesen werden von Finkelstein ständig wiederholt und in den weiteren Kapitel geradezu ausgewalzt. Dies gipfelt in dem Vorwurf an die Adresse von jüdischen Organisationen, »doppelt abkassiert«[48] und erst die ›armen‹ Schweizer und schließlich die noch ›ärmeren‹ Deutschen gezwungen zu haben, viel zu hohe und auch gar nicht berechtigte Entschädigungsgelder zu zahlen, die dann noch von der Claims Conference nicht an die tatsächlich Anspruchsberechtigten weitergeleitet worden seien. Hier wiederholt Finkelstein ständig das antisemitische Stereotyp von den nicht nur rachsüchtigen, sondern auch noch besonders geldgierigen Juden. Die Antisemiten in aller Welt werden es ihm gewiß danken. Doch dies soll hier nicht weiter kommentiert werden. Es ist unerfreulich genug.

Vielleicht noch unerfreulicher, aber unbedingt zu kommentieren ist das zweite Kapitel über, so die Überschrift, »Schwindler, Geschäftemacher und die Geschichte«.[49] Zu diesen »Schwindlern« zählt Finkelstein einmal den Schweizer Bruno Doessecker, der sich »Binjamin Wilkomirski« nennt und unter diesem Namen ganz offensichtlich gefälschte Erinnerungen an sein Leiden in Auschwitz herausgegeben hat.[50] Doessecker-Wilkomirski scheint inzwischen wirklich als Schwindler entlarvt zu sein. Doch dies ist nun wahrlich kein Grund, Nobelpreisträger wie Elie Wiesel und international anerkannte und renommierte Holocaustforscher wie Yehuda Bauer, Israel Gutman, Deborah Lipstadt und vor allem Daniel Goldhagen in einem Atemzug mit Doessecker-Wilkomirski zu nennen. Und Finkelstein tut dies in einer Weise, die an die Verschwörungshypothesen der Antisemiten über die mit- und untereinander verbundenen Juden erinnert: »Man sehe sich zum Schluß noch folgendes Beziehungsmuster an: Wiesel und Gutman unterstützten Goldhagen, Wiesel unterstützte Kosinski, Gutman und Goldhagen unterstützten Wilkomirski. Man verbinde die Spieler miteinander: Das ist HOLOCAUST-Literatur«.[51]

Der Wilkomirski-Skandal gibt Finkelstein die Gelegenheit, noch einmal und mit Verve auf seinen Erzfeind Goldhagen einzuschlagen. Goldhagen habe nur »Holocaust-Dogmen« verbreitet und eine »große Holocaust-Show« veranstaltet,[52] woran er dann auch noch viel verdient habe etc. etc. Kurz, Goldhagen vor allem gehöre zu den »Geschäftemachern«, die »aus dem Holocaust Kapital« schlagen. Dies ist nicht nur perfide, dies ist auch politisch äußerst gefährlich, weil es gerade in Deutschland das neue antisemitische Stereotyp unterstützt, wonach die notorisch ›geldgierigen‹ jüdischen »Geschäftemacher« den Holocaust für politische und vor allem finanzielle Zwecke ausbeuten würden. Finkelstein ist wirklich ein ›nützlicher Idiot‹ für deutsche und andere Antisemiten.

Anmerkungen

[1] Klappentext zu: Finkelstein, Norman G./Birn, Ruth Bettina, Eine Nation auf dem Prüfstand. Die Goldhagen-These und die historische Wahrheit. Mit einer Einführung von Hans Mommsen, Hildesheim 1998.

[2] Finkelstein, Norman G., Image and Reality of the Israel-Palestine Conflict, New York 1995.

[3] Mommsen, Hans, Einleitung, S. 18.

[4] Goldhagen, Daniel Jonah, Hitlers willige Vollstrecker. Ganz gewöhnliche Deutsche und der Holocaust, Berlin 1996.

[5] Siehe Klappentext zu Finkelstein/Birn, Eine Nation auf den Prüfstand.

[6] Zum folgenden: Wippermann, Wolfgang, Wessen Schuld? Vom Historikerstreit zur Goldhagen-Kontroverse, Berlin 1997, S. 98 ff.

[7] Katz, Jacob, Vom Vorurteil zur Vernichtung. Der Antisemitismus 1700-1933, München 1988.

[8] Die ersten Reaktionen vornehmlich in der Tagespresse sind zusammengefaßt von: Schoeps, Julius H. (Hrsg.), Ein Volk von Mördern? Die Dokumentation zur Goldhagen-Kontroverse um die Rolle der Deutschen im Holocaust, Hamburg 1996. Ferner: Wippermann, Wessen Schuld?, S. 98 ff. Überwiegend kritische Beiträge in: Heil, Johannes/Erb, Rainer (Hrsg.), Geschichtswissenschaft und Öffentlichkeit. Der Streit um Daniel J. Goldhagen, Frankfurt/M. 1998. Mit kritischer Sympathie für Goldhagen: Elsässer, Jürgen/Markovits, Andrei S. (Hrsg.), »Die Fratze der eigenen Geschichte«. Von der Goldhagen-Debatte zum Jugoslawien-Krieg, Berlin 1999.

[9] Mehr zu dieser Kontroverse der sog. Intentionalisten und Funktionalisten: Wippermann, Wolfgang, Umstrittene Vergangenheit. Fakten und Kontroversen zum Nationalsozialismus, Berlin 1998, S. 224 ff.

[10] Wehler, Hans-Ulrich, Wie ein Stachel im Fleisch, in: Die Zeit, 14.5.1996.

[11] Augstein, Rudolf, Der Soziologe als Scharfrichter, in: Schoeps, (Hrsg.), Ein Volk von Mördern?, S. 106-109.

[12] Finkelstein/Birn, Eine Nation auf dem Prüfstand, S. 25.

[13] Vgl. zum folgenden: Wippermann, Wolfgang, Goldhagen und die deutschen Historiker, in: Elsässer/Markovits (Hrsg.), »Die Fratze der eigenen Geschichte«, S. 14-28.

[14] Finkelstein/Birn, Eine Nation auf dem Prüfstand, S. 143.

[15] Mehr dazu bei: Wippermann, Goldhagen und die deutschen Historiker, S. 191.

[16] Finkelstein/Birn, Eine Nation auf dem Prüfstand, S. 157.

[17] Die amerikanische Ausgabe erschien übrigens im Holt-Verlag, der damals vom späteren deutschen Staatsminister für Kultur Michael Naumann geleitet wurde.

[18] Vgl. ebenda, S. 67 der Vergleich zwischen der nationalsozialistischen Judenpolitik mit der Unterdrückung der Schwarzen in den amerikanischen Südstaaten. Ebenso S. 69: »Die Schwarzen im amerikanischen Süden hatten unter denselben Restriktionen zu leiden« wie die deutschen Juden nach dem Erlaß der Nürnberger Gesetze.

[19] Ebenda S. 118.

[20] Ebenda S. 49.

[21] Ebenda S. 58.

[22] Ebenda S. 71.

[23] Derartige Hinweise auf einen »wissenschaftlichen Konsens« oder »die Fachleute« findet man häufig, ohne daß dann wirklich ›Roß und Reiter´ genannt werden.

[24] Ebenda S. 128.

[25] Auf weitere Details wie die Behauptung, daß der Antisemitismus »für den Wahlerfolg der Nazis keine große Rolle spielte« (S. 57), soll hier nicht weiter eingegangen werden. Auch wenn dies so gewesen sein sollte, so sagt dies über die Bedeutung des Antisemitismus in der Ideologie und späteren Politik des Nationalsozialismus nicht das geringste aus.

[26] Ebenda S. 111.

[27] Ebenda S. 112. Der Hinweis auf die Briten, die übrigens die »Konzentrationslager« auch nicht ›erfunden´ haben, ist ein in der rechten und rechtsradikalen Literatur weit verbreiteter Topos. Vgl. dazu: Wippermann, Wolfgang, Konzentrationslager. Geschichte, Nachgeschichte, Gedenken, Berlin 1999.

[28] Ebenda S. 113.

[29] Ebenda S. 124.

[30] Ebenda S. 125.

[31] Ebenda S. 126.

[32] Ebenda S. 131.

[33] Vgl. die überaus scharfe und hier nicht wiedergegebene Kritik an Elie Wiesel in: Ebenda S. 125

[34] Ebenda S. 123.

[35] Ebenda S. 123.

[36] Ebenda S. 131.

[37] Courteois, Stéphane u.a., Das Schwarzbuch des Kommunismus. Unterdrükkung, Verbrechen und Terror, München 1997. Zur Kritik: Mecklenburg, Jens/ Wippermann, Wolfgang (Hrsg.), »Roter Holocaust«? Kritik des Schwarzbuchs des Kommunismus, Hamburg 1998.

[38] Courteois, Stéphane, Die Verbrechen des Kommunismus, in: ders. u.a., Das Schwarzbuch, S. 31. Zur Kritik dieses Instrumentalisierungsvorwurfes: Wip-

permann, Wolfgang, »Rassen-Genozid« gleich »Klassen-Genozid«?, in: Mecklenburg/Wippermann (Hrsg.), »Roter Holocaust«?, S. 106-117. Ebenso: Huhnke, Brigitta, Die Singularität des Holocaust, in: ebenda S. 118-141.

[39] Winkler, Heinrich August, Der Stoß kam von links, in: Die Zeit, 21.11.1997. Vgl. dazu die treffliche Kritik von Küntzel, Matthias, »Auschwitz vom Sockel stoßen«. Zur Entlastungsfunktion des »Schwarzbuches« im neuen deutschen Diskurs, in: Mecklenburg/Wippermann (Hrsg.), »Roter Holocaust«?, S. 251-263.

[40] Möller, Horst, Vorwort, in: ders. (Hrsg.), Der rote Holocaust und die Deutschen. Die Debatte um das »Schwarzbuch des Kommunismus«, München 1999, S. 15.

[41] Finkelstein, Norman G., Die Holocaust-Industrie. Wie das Leiden der Juden ausgebeutet wird, München 2001.

[42] Nicht weiter kommentieren möchte ich die persönlichen Beweggründe Finkelsteins, der als Kind zweier Holocaust-Überlebender aufgewachsen ist, die von ihren Erlebnissen ganz offensichtlich traumatisiert waren, zugleich aber aus offensichtlich linken politischen Überzeugungen »den Westen mitverantwortlich für den Nazi-Holocaust« hielten, weil »der Westen (...) Hitler als Gegengewicht zur Sowjetunion unterstützt« habe. Vgl. ebenda S. 171 und generell das Interview mit Thomas Spang S. 171 ff.

[43] Ebenda S. 14.

[44] Ebenda S. 27.

[45] Ebenda S. 18.

[46] Ebenda S. 20 und 21.

[47] Ebenda S. 42.

[48] So die Überschrift des dritten Kapitels in ebenda S. 85 ff.

[49] Ebenda S. 49 ff.

[50] Wilkomirski, Binjamin, Bruchstücke, Frankfurt/M. 1995. Vgl. dazu und den dazu gehörenden Skandal: Finkelstein, Die Holocaust-Industrie, S. 68 ff.

[51] Ebenda S. 75.

[52] Ebenda S. 71 und 70.

Rolf Surmann

Der jüdische Kronzeuge
Die Reaktionen auf Finkelsteins Pamphlet als Ausdruck eines zeitgeschichtlichen Paradigmenwechsels

Deutsches Interesse und neue Ordnung

»Ich bin stolz auf den Starkmut, mit dem das deutsche Volk sein Schicksal erträgt, stolz darauf, wie jeder einzelne duldet und nicht verzweifelt, wie er versucht, nicht unterzugehen, sich und die Seinigen aus diesem Elend hinüberzuretten in eine bessere Zukunft.« Das war der Kernsatz einer programmatischen Rede, die Konrad Adenauer 1946 auf dem Parteitag der CDU in der britischen Zone hielt und mit der er begründete, warum er »wieder stolz (sei), ein Deutscher zu sein«. Die FAZ druckte diese Passagen zum 125. Geburtstag des ersten Nachkriegskanzlers im Januar 2001 erneut ab, weil sie hierin den Denkansatz für Adenauers politisches Programm wie das der CDU sieht.[1] Dieser Rückblick scheint auch geeignet, zur politisch-historischen Einordnung der Finkelstein-Kontroverse beizutragen.

Vor diesen zentralen Worten hatte Adenauer das »furchtbare Geschick« umrissen, das vom deutschen Volk getragen werde: Hunger und Kälte, Not und Tod, ein Leben einstweilen ohne jede Hoffnung auf eine bessere Zukunft, in völliger politischer Machtlosigkeit, verachtet von allen Völkern der Erde. Aber er hatte auch eine Gewissenserforschung angemahnt, »damit wir den richtigen Weg finden zum Wiederaufstieg«. Diese Zentriertheit auf deutsche Interessen und die Interessen der Deutschen, die die Verbrechen in der NS-Zeit begangen oder doch in der Regel mit getragen hatten, prägte auch seine Regierungserklärung vor dem Bundestag 1949. Viele Bevölkerungsgruppen zählte er auf, die sein Mitgefühl erregten und für die er sich einzusetzen versprach. Eine Gruppe von Menschen erwähnte er aber auch an dieser Stelle nicht: die Opfer des Nationalsozialismus.

Während der Kanzler sie auch bei anderen Gelegenheiten in der Regel

Der jüdische Kronzeuge 105

mit Schweigen überging oder, direkt auf sie angesprochen, mit Verharmlosungen reagierte,[2] wurden seine Minister deutlich. Stellvertretend sei Verkehrsminister Seebohm zitiert, der sich »jederzeit« bereit erklärte, »die sittliche Wiedergutmachungspflicht gegenüber der Judenschaft anzuerkennen«, jedoch dann einschränkte, daß er dies nur tun könne, »wenn auch die übrigen Kräfte in der Welt bereit sind, ihre sittliche Wiedergutmachungspflicht gegenüber den deutschen Heimatvertriebenen zu erfüllen«. Er präzisierte seine Vorstellungen mit dem Vergleich: Die »Methoden, die seitens (der) nationalsozialistischen Führung gegen die Juden angewandt wurden und die wir alle auf das erbittertste verurteilen, stehen deshalb durchaus den Methoden zur Seite, die gegen die deutschen Heimatvertriebenen angewandt worden sind«[3]. Mit einem solchen Appell an die Gefühle von Geschlagenen und allenfalls rudimentär für ihre Verbrechen zur Rechenschaft Gezogenen, der mit dem Rekurs auf die »Heimatvertriebenen« die Deutschen nicht nur zu Opfern erklärt, sondern die »Wiedergutmachung« an den tatsächlichen Opfern des Nationalsozialismus an die Voraussetzung knüpft, daß den »deutschen Opfern« von der Welt dasselbe widerfahre wie den Opfern der Deutschen – was im übrigen jegliche Entschädigung verhindert hätte, weil sich »die Welt« hierzu in keiner Weise willens zeigte – stand Seebohm nicht allein. Diese Grundhaltung war es, die Adenauer letztlich dazu zwang, sich zum Beispiel bei der Abstimmung des Bundestags über das Abkommen mit Israel auf die Opposition zu stützen.

Deutschland mochte zwar geschlagen sein, aber dies war nicht die Sprache von Geschlagenen. Warum sich westdeutsche Politiker nach 1945 solche Reden erlauben konnten, erklärt die Geschichte des Kalten Kriegs. Doch unter alliierte Kuratel gestellt, mußte manches vollzogen werden, was eigener Moral und politisch-historischer Einsicht nicht entsprach.

Den Schlauesten war klar, daß der Nachvollzug nicht nur notwendig, sondern auch nützlich war. Gerade Adenauer erklärte sich deshalb Anfang der 50er Jahre zu Verhandlungen mit Israel bereit, obwohl die Haltung der USA in diesem Fall nicht zwingend war. Zwar erfaßte er zunächst in keiner Weise, was es bedeutete, für die Ermordung der europäischen Juden zur materiellen Rechenschaft gezogen zu werden,[4] doch ließ er die Verhandlungen trotz entschiedener Interventionen aus dem eigenen Lager nicht abreißen. Die prekäre Lage Israels und die erbärmlichen Lebensumstände der Menschen, die in dieses Land geflüchtet waren, hatten die israelische Regierung zur Bereitschaft veranlaßt, entgegen den persönlichen Empfindungen sehr vieler Verfolgter Entschädigungsverhandlungen zu führen. Das Ergebnis war das Luxemburger Abkommen von 1952.

Die Aufnahme von Kontakten und schließlich das Abkommen selbst stellten für die deutsche Seite einen großen politisch-moralischen Nutzen und einen enormen internationalen Prestigegewinn dar. Nachdem sich die westlichen Alliierten schon dafür entschieden hatten, entgegen den Plänen des US-Finanzministers Morgenthau[5] auf ein Entschädigungsprogramm zu setzen, das die Tätergesellschaft international wieder ehrbar und gemäß den Interessen des Weltmarktes und der politischen Blockkonfrontation handlungsfähig machen sollte, war das Abkommen mit den jüdischen Opfern ein entscheidender Durchbruch. Die Bereitschaft dieser ausschlaggebenden Verfolgtengruppe, sich mit der Täterseite an einen Tisch zu setzen und sich schließlich mit ihr zu einigen, erledigte im Prinzip alle noch vorhandenen grundsätzlichen Vorbehalte gegen die Bundesrepublik. Gerade die jüdischen NS-Opfer bürgten deshalb in gewisser Hinsicht für den guten Leumund der jungen Republik.

Dies erreicht zu haben, wird Adenauer, der seitdem gerne als »Vater der Aussöhnung« bezeichnet wird, bis heute hoch angerechnet. Zugleich macht dieser Vorgang deutlich, welche Bedeutung die Entschädigungspolitik hatte, um – mit Adenauers Worten – die »Verachtung aller Völker der Erde« zu überwinden. Sie war letztlich ein Teil des »richtigen Weges zum Wiederaufstieg«. Daß hierzu auch die Reflexion über deutsche Schuld gehörte, insbesondere wenn sie vom Ausland verlangt wurde, überrascht nicht. Adenauers Haltung gegenüber einer entsprechenden, von Israel verlangten Erklärung ist hierfür ein anschauliches Beispiel. Er bleibt deshalb mit seiner Unfähigkeit, aus eigenem Verlangen und eigenem Vermögen, deutsche Schuld und hieraus resultierende Verantwortung begreifen zu können, eine Symbolfigur für deutsches Versagen bei der Aufarbeitung von Auschwitz, die gleichwohl alle hieraus resultierenden Hindernisse für einen weltpolitischen Aufstieg aus dem Weg räumen konnte.

In der Praxis der Entschädigungspolitik begann Anfang der 50er Jahre die Zeit der »ordnungsgemäßen Verwaltung«, wie es in der Literatur heißt. Was dies für diejenigen bedeutete, die nicht wie die Zwangsarbeiterinnen und Zwangsarbeiter schon bei der Entschädigungsgesetzgebung übergangen oder sogar entsprechend nazistischem Rechtsempfinden weiter verfolgt worden waren, sondern als entschädigungsberechtigt galten, ist in den

80er Jahren unter der Überschrift »Kleinkrieg gegen die Opfer«[6] beschrieben worden. Zum Beispiel kam es bei der Begutachtung von verfolgungsbedingten Gesundheitsschäden zu Formen von »Anamneseerhebung, die (..) an ein Verhör oder eine Polizeivernehmung erinnerte«. Konfrontiert mit dem Opfer als leibhaftiger Anklage, leugneten deutsche Ärzte die begangenen Verbrechen – so schildert Christian Pross eine Problematik unter vielen. Helga und Hermann Fischer-Hübner, sie Therapeutin, er Anwalt und lange Zeit bei der Oberfinanzdirektion Hamburg für Rückerstattungsfragen zuständig, fassen ihre Berufserfahrung in dem Satz zusammen: »Wir, die wir von Anfang an in dieser Arbeit gestanden haben, gehören zu den letzten Zeitzeugen. Wir erlebten Menschen, die das infernalische Martyrium durch die nationalsozialistische Verfolgung überlebt hatten, an der Verfahrensweise von ›Wiedergutmachung‹ dann zugrunde gehen.«[7]

Wenige Jahre nach der Niederschlagung des NS-Regimes durch die Alliierten waren die Leugnung der begangenen Verbrechen und die Verweigerung der daraus resultierenden Verantwortung – sehen wir vom unmittelbaren Fortwirken des Antisemitismus einmal ab – nur in der alten Tätersprache möglich. Distanzschaffende Diskurse und eine sich hieraus ergebende Begrifflichkeit waren allenfalls partiell vorhanden und hatten in der Regel keine Wirkung auf die Alltagssprache, auch nicht auf die der Politik. Bundesfinanzminister Schäffer selbst gab in dieser Hinsicht den Tenor vor: »Jeder aufrechte Mann, der mit seinem Herzen und seiner ganzen Überzeugung an die Not und die Belastung des deutschen Volkes denkt, und der der Wortführer und Vertreter des deutschen Volkes in seiner Not und in seiner Belastung gegenüber dem Ausland ist, muß, wenn er aufrecht und offen handelt, es auch in Kauf nehmen, in diesem politischen Dschungelkrieg als Antisemit verschrien zu werden.«[8] Adenauer wiederum beeindruckte bei seiner Zustimmung, Zahlungen an die Claims Conference zu leisten, »die große wirtschaftliche Macht des Judentums in der Welt«[9]. Es verwundert deshalb nicht, daß überall dort, wo Täter und Opfer in direkter Konfrontation um Entschädigung für Verbrechen kämpften, die Täter zur Rechtfertigung ihrer Weigerung die Sprache des nazistischen Antisemitismus verwendeten.

Die 50er und 60er Jahre waren deshalb von einem merkwürdigen Dualismus geprägt. Obwohl in der Regel weder die persönliche noch die gesellschaftliche Bereitschaft vorhanden waren, zwangen vor allem weltpolitische Umstände die bundesrepublikanische Gesellschaft, sich zur Entschädigung ihrer Opfer in einem Ausmaß bereit zu erklären, wie es ihr ursprünglich nicht vorstellbar schien. Zur Abwehr dieser Forderungen verfielen auch staatliche Repräsentanten in eine Wortwahl, mit der sie ausgehend von unmittelbaren nationalen Interessen die Forderungen der Opfer in antisemitischer Diktion zu delegitimieren versuchten. In dem Maße, wie sie durch die notwendige Gesetzgebung Deutungsmacht erlangten, bestimmten ihre ideologischen Dispositionen nicht nur, wer in welchem Umfang und wer überhaupt kein Recht auf Entschädigung hatte, sondern in der Durchführung auch, wie mit den Antrag stellenden Menschen im einzelnen verfahren wurde. Die Konzeption – sofern sie nicht durch internationale Verträge vorgegeben war – und insbesondere die Praxis der »Wiedergutmachung« waren deshalb ein neuer, in harter Konfrontation erkämpfter Ordnungsentwurf der Tätergesellschaft gegenüber ihren Opfer.

Philosemitischer Paternalismus

Sind die Verhandlungen über die Entschädigung von NS-Zwangsarbeiterinnen und NS-Zwangsarbeitern wesentlich anders verlaufen? Sicher, thematisiert war die Problematik bereits durch parlamentarische Anträge von SPD und Grünen, die noch aus den Oppositionszeiten in den 80er Jahren herrührten und in gewisser Weise ein letzter Reflex auf die damalige Kontroverse über die »vergessenen Opfer« waren. Doch reichten sie weder von ihrem konzeptionellen Zuschnitt aus, noch hatten sie nennenswerten Einfluß auf die Regierungsprogrammatik von »Rot-Grün«. Entscheidend war – die Stationen sind bekannt – der internationale Druck.

Einmal zu Verhandlungen gezwungen, zögerte man nicht, die eigenen Motive klar zu benennen. Als habe nicht die über fünf Jahrzehnte aufrechterhaltene Entschädigungsverweigerung den Ruf des Landes beschädigt, hieß es in seltsamer Verkehrung von Ursache und Wirkung, die NS-Verfolgten setzten ihn durch ihre Forderungen herab. »Den Kampagnen gegen den Ruf unseres Landes« wollte man deshalb durch eine Fondsgründung entgegentreten. Kanzler Schröder erklärte obendrein, daß er diese Politik zum »Schutz der deutschen Wirtschaft« betreibe. Eine solche

Haltung strukturiert zwangsläufig den Blick auf die Geschichte. Das bedeutet nicht, daß sich alle unisono verhalten hätten – das Bundesfinanzministerium agierte anders als der Bundespräsident, Lambsdorff anders als Hombach und Schröders bedingte Konzessionswilligkeit verhinderte vermutlich das Scheitern des ganzen Projekts am Starrsinn des Wirtschaftsvertreters Gentz –, doch in Einem waren sich auch jetzt alle einig: Leitlinie waren die deutschen Interessen.

Die weiteren Eckpunkte sind ebenso eindeutig: Verneinen der Rechte von NS-Verfolgten, deshalb Bezeichnung ihrer Forderungen als »vermeintliche Ansprüche« und Zugeständnis von lediglich »humanitären Leistungen«. So blieb die prinzipielle Entscheidungsmacht über die zu zahlende Summe auch diesmal ebenso in deutscher Hand wie weitgehend die Definition darüber, wer überhaupt Geldleistungen beantragen dürfe. Das Gegenstück: internationale »Rechtssicherheit« für die deutsche Industrie und Nötigung jeden Antragstellers, eine Verzichtserklärung auf weitere Ansprüche abzugeben. War dies der juristische Reflex auf den schon nicht mehr erwarteten Zwang zu einem gewissen Maß an Rechenschaftslegung, so drückte das Wort »Globalabkommen« im Begleitgesetz zur Stiftung auf politische Weise eine andere Maxime deutscher Entschädigungspolitik seit den 60er Jahren aus: Ein Schlußstrich müsse jetzt endgültig gezogen werden.

Dieses Vorgehen ist von der Öffentlichkeit und speziell den Medien im wesentlichen mit getragen worden. Die Regierung konnte manchmal sogar Lob selbst von einer Seite entgegennehmen, die ansonsten ihr gegenüber in der Regel nicht zu solchen Äußerungen neigt. Die FAZ etwa stellte befriedigt fest, daß es am Kurs des Kanzlers nichts Wichtiges auszusetzen gäbe, betreibe er doch in dieser Frage eine Politik wie weiland Adenauer.

Es gibt keinen triftigen Grund, einem solchen Vergleich grundsätzlich zu widersprechen. Doch beließe man es nur bei der Gleichsetzung, dann blieben wichtige Züge der aktuellen Politik unerwähnt. Wesentlich verändert ist heute zum Beispiel der weltpolitische Kontext. Mußte Adenauer noch durch Schulderklärung und Opferentschädigung der Welt eine geläuterte Bundesrepublik vorführen, die »Verachtung der Völker« für die deutschen Verbrechen gegen die Menschheit überwinden und auf diese Weise den deutschen »Wiederaufstieg« (und nicht zuletzt die Gründung der Bundeswehr) vorbereiten, so lehrt die Regierung Schröder nicht nur mit ihren »humanitären Leistungen«, sondern auch mit dem Zukunftsfonds als konstitutivem Bestandteil der Stiftung – er soll zur »Sensibilisierung für Menschenrechtsverletzungen« in aller Welt beitragen –, die Menschheit jetzt das Menschenrecht. Die ehemaligen Parias gerieren sich also gerade mit Berufung auf ihre Geschichte (und die ihnen im letzten Augenblick mit größter Mühe abgetrotzten materiellen Leistungen) als Präzeptoren einer humanen Weltpolitik, was nicht zuletzt dem Bundesverteidigungsministerium ein weites Aufgabenfeld eröffnet.

Es muß allerdings auch erwähnt werden, daß die Abwehr von Entschädigungsforderungen in der Diktion eines Antisemitismus, wie er in der Adenauer-Zeit noch geläufig war, heute offiziell obsolet ist. Der (entschädigungspolitische) Wendepunkt läßt sich sogar benennen. Es war das Karriereende des innenpolitischen Sprechers der CSU-Bundestagsfraktion Fellner, der Mitte der 80er Jahre meinte bemerken zu müssen, daß Juden sich schnell zu Wort melden, »wenn irgendwo in deutschen Taschen das Geld klimpert«.[10] Den offiziellen Philosemitismus, der durch diesen Hinauswurf markiert wurde, konnten selbst CDU-Sozialpolitiker nicht unterminieren, als sie in den 90er Jahren dagegen opponierten, daß nach den rentenpolitischen Zugeständnissen an die Ostdeutschen auch noch NS-Verfolgte in Israel die deutsche Rentenkasse belasteten.

Offizieller Philosemitismus dieser Prägung ist jedoch nicht nur ein Signal für die angebliche Überwindung von Antisemitismus, sondern er ist auch eine Chiffre für die scheinbare Solidarisierung mit den NS-Verfolgten überhaupt. Sie nimmt so hypertrophe Formen an, daß selbst die Ablehnung ihrer Forderungen als Ausdruck eines tieferen Verständnisses ihrer Interessen deklariert wird. Gemeingut vieler ist seitdem das Wissen, daß die Verbrechen in der Zeit des Nationalsozialismus ein Ausmaß hatten, daß sie durch materielle Leistungen nicht wiedergutgemacht werden können. Zwar hinderte dies kaum jemanden an der Verwendung des Begriffs »Wiedergutmachung«, wohl aber an den materiellen Leistungen. Beispielhaft sei die Antwort eines VW-Managers auf die Frage, warum VW Entschädigungszahlungen verweigere, zitiert: »Nein, ich glaube, wir müssen weiterhin den Weg gehen, daß wir politische Öffentlichkeitsarbeit unter dem Oberbegriff ›Nie mehr Faschismus...‹ fördern müssen und werden nicht den Weg in Einzelentschädigungen und auch nicht in Hinterzimmer-Agreements gehen. Ich glaube nicht, daß es einen angemessenen Betrag gibt – und ich sage noch einmal, es geht uns nicht um Geld. Aber was ist denn angemessen? 400 DM? 600 DM? 4.000 DM? Die Fragen beinhalten einen inneren Zynismus, der geradezu beklemmend ist.«[11] Ähnlich argumentierten im übrigen die Beamten des Bundesfinanzministeriums, als sie in ihren Entwürfen zum Stiftungsgesetz die jetzigen niedrigen Zahlungen damit rechtfertigten, daß sonst denjenigen Unrecht geschehe, die vorher noch weniger erhalten hätten.

Dieser Paternalismus gerät leicht an einen Umschlagpunkt, wenn man sich dem, was längst »vergessen« schien, plötzlich vor der Weltöffentlichkeit stellen muß. Erste Anzeichen hierfür waren die Aufgabe der gewohnten Phraseologie und neue Formen von öffentlicher Konfrontation. Ein Beispiel hierfür ist die Pressearbeit des Bundesfinanzministeriums, wenn es mit desorientierenden Zahlen – gemeint sind die berüchtigten 100 000 Milliarden Mark oder in finkelsteinscher Diktion: 60 Milliarden Dollar – den Eindruck erwecken will, die Bundesrepublik habe ihre finanziellen Verpflichtungen längst erfüllt.[12] Gleichzeitig wird als Schutz davor, »zweimal« zahlen zu müssen, Rechtssicherheit« eingefordert. »Vermeintliche« Ansprüche werden auf diese Weise zu »unlauteren«. Erinnerungsabwehr auch hinsichtlich der Entschädigungsverweigerung nach 1945 schafft also einen Argumentationskontext, der zur indirekten Anklage der Opfer und zu ihrer Herabsetzung führt.

Angeklagt wurden aber jetzt schon Stellvertreter. Sei es die israelische Gesellschaft, der man vor einer neuen Verhandlungsrunde medienwirksam die Lebensverhältnisse von NS-Opfern in Alten- und Pflegeheimen vorhielt. Sei es der russische Staat mit dem Vorwurf, Entschädigungszahlungen auf Sozialhilfeleistungen anrechnen und damit zu Lasten der Opfer von deutschem Geld profitieren zu wollen.

Im Mittelpunkt standen jedoch die Anwälte, die in den USA Sammelklagen eingereicht hatten. Auf sie konzentrierte sich die Attitüde moralischer Überlegenheit, die bereits gegenüber denjenigen, die überhaupt materielle Forderungen erhoben hatten, ausgespielt worden war. Verächtlich wurde über das Maß ihrer »Bereicherung« spekuliert, kein Wort aber darüber verloren, daß sie mit ihren Klagen einen entscheidenden Beitrag für das Zustandekommen der Verhandlungen geleistet hatten, die nach hiesigen Erinnerungsstandards so sicher nicht stattgefunden hätten. Kein Wort im übrigen auch über die kostspielige Anwälte- und Wissenschaftler-Armada, mit der deutsche Konzerne ausgestattet sind. Kein Wort schließlich über die Blockadehaltung einer Regierung und einer Gesellschaft, die bis heute die Archive des Verbrechens für die Forschung nicht allgemein freigegeben haben.

Paradigmenwechsel

In dieser Situation sich steigernden Unwillens über die »ungebührlichen« Forderungen der NS-Zwangsarbeiterinnen und NS-Zwangsarbeiter einerseits, unterschiedlicher Entlastungsmanöver andererseits tauchte ein Mann auf, der – als Universitätsdozent, als Jude, als Sohn von NS-Verfolgten – die härteste Gegnerin in dieser Auseinandersetzung, Vertreterin der am meisten geschundenen Opfer, die Jewish Claims Conference (CC) massiv angreift. Er setzt sich dabei nicht mit einem bestimmten Thema auseinander, sondern faßt in seinem schmalen, 150seitigen Büchlein zusammen, was gegen Juden und insbesondere gegen Israel vorzubringen im Augenblick opportun ist: Kritik an der Politik Israels gegenüber den Palästinensern, Kritik an der Holocaust-Erinnerungskultur besonders in den USA und Kritik am Vorgehen der Claims Conference bei der Auseinandersetzung über Entschädigungszahlungen für Zwangsarbeit, verbunden mit der Behauptung, sie habe in der Vergangenheit Entschädigungsgelder unterschlagen, damit die jetzige Auseinandersetzung erst herbeigeführt und versuche nun zu erreichen, wogegen die Deutschen sich zu Recht vehement wehren: nämlich »doppelt« abkassieren zu können (um dann dieses Geld den Opfern im wesentlichen erneut vorzuenthalten und für Gedenkstätten etc. zweckzuentfremden).

Er bietet also ein Kritikkonzentrat, das obendrein durch eine massive Zuspitzung all dessen geprägt ist, was in verschiedenen Kreisen mit durchaus unterschiedlicher Intention in mancher Hinsicht längst formuliert war. Seine Methode der Zuspitzung allerdings orientiert sich hinsichtlich der Stoßrichtung und des Argumentationsgestus an einem Stil, wie er gerade von rechtsradikalen und neonazistischen Gruppen seit langem bekannt ist und der gemeinhin als antisemitisch gilt.[13] Hat die »Berliner Republik« ihre Geschichte so aufgearbeitet und ihre historische Verantwortung so wahrgenommen, daß sie auf diese Offerte verzichten kann?

Die ersten deutschen Reaktionen zielten zunächst auf Finkelsteins Position in der Entschädigungskontroverse.[14] Sie verschaffte ihm schon im Januar 2000, als sein erst im Juni zunächst auf Englisch erschienenes Pamphlet allenfalls geschrieben wurde, Beachtung in den Medien. Das ist ein bemerkenswerter Erfolg für einen Autor, der zu dieser Frage weder Forschungsergebnisse vorgelegt hatte, noch durch nennenswerte publizistische Beiträge zu diesem Thema hervorgetreten war. Er mußte sich offensichtlich anderweitig empfohlen haben. Dies waren zweifellos die guten Dienste, die er bereits in der Goldhagen-Debatte geleistet hatte.[15] Zugleich spielte er die seit den Zeiten der Inquisition berüchtigte Rolle des Konvertiten: Selber Jude, sich aber distanzierend, kann er um so kompetenter jüdische Vergehen und Verbrechen gegenüber den Ordnungsinstanzen abendländischer Zivilisation bezeugen. Kaum ein Interview mit ihm, auch die Selbstdarstellung in seinem Buch nicht, kommt ohne die Legitimierung aus, Sohn verfolgter jüdischer Eltern zu sein. In der Diktion heutiger Rechtsordnung wird er deshalb zum Kronzeugen für eine Anklage, die gegen seine Ex-Glaubensgemeinschaft bereits formuliert war.

Finkelstein enttäuschte auch diesmal nicht. Den Anfang machte die Berliner Zeitung. Am 28. Januar 2000 bereits titelte sie: »Schwere Vorwürfe gegen die Jewish Claims Conference.« Schon in den 50er Jahren sei ein Abkommen zwischen der Claims Conference und der Bundesregierung zur Entschädigung jüdischer Sklavenarbeiter geschlossen worden, doch das dafür vorgesehene Geld habe die Opfer nie erreicht, weil der Verwendungszweck von jüdischer Seite entgegen den Vertragsfestlegungen neu definiert worden sei, war die Hauptaussage des Artikels. Ergänzend warf man, Finkelstein weiter referierend, der Claims Conference vor, bei den laufenden Verhandlungen mit falschen Zahlen hinsichtlich der heute noch lebenden jüdischen Zwangsarbeiterinnen und Zwangsarbeitern zu operieren.[16] Am 29. Januar legte Michael Mönninger unter der Überschrift »Tabubruch« im Magazin nach. Gleich im ersten Satz behauptete er, die Ungerechtigkeit bei der Entschädigung von NS-Opfern bestehe nicht darin, daß die Bundesrepublik neben vielen anderen Verfehlungen über Jahrzehnte die Entschädigung bestimmter Gruppen von NS-Verfolgten verweigert habe – das ist der Skandal der sogenannten »vergessenen Opfer«, zu denen auch Zwangsarbeiterinnen und Zwangsarbeiter gerechnet werden –, sondern daß die Claims Conference hohe Entschädigungssummen habe erstreiten können, während die in Mittel- und Osteuropa lebenden Opfer nahezu unberücksichtigt blieben.[17]

Dann ging er noch einen Schritt weiter. Als Ursache des Problems bezeichnete er die deutsche Furcht, Kontrollansprüche gegenüber der Claims

Conference zu stellen: »Nie hatte es in Deutschland jemand gewagt, nach der Verwendung der seit den fünfziger Jahren an die JCC gezahlten Wiedergutmachung zu fragen. Auch bei der aktuellen Einigung der deutschen Wirtschaft, zur Abwehr der Sammelklagen aus Amerika einen pauschalen Entschädigungsfonds zu gründen, wird es größte Schwierigkeiten bereiten, die gerechte Zuteilung des Geldes an die Opfer zu gewährleisten. Es liegt in der Natur solcher Ablasszahlungen, daß die Nachkommen der Täter froh sein müssen, wenn ihr Geldopfer akzeptiert wird.« Nur am Rande sei erwähnt, daß die Claims Conference vertraglich zur Rechenschaftslegung verpflichtet war und ihr auch nachgekommen ist.[18] Ausdrücklich angesprochen sei jedoch die Behauptung, die Nachkommen der Täter könnten froh sein, wenn ihr »Geldopfer« akzeptiert würde. Welch groteske Verdrehung nach Jahrzehnten der Entschädigungsverweigerung, nach den bekannten unzähligen Windungen und unangemessenen Statements während der Verhandlungen, um so wenig wie nur eben möglich zahlen zu müssen und immer wieder neue Opfergruppen von Zahlungen ausschließen zu können, und nicht zuletzt angesichts des Unvermögens der deutschen Wirtschaft, ihren Beitrag überhaupt aufzubringen!

Wie ist eine derart unangemessene Berichterstattung in einer großen Tageszeitung, die zudem den Ruf als Leitblatt der »Berliner Republik« anstrebt, überhaupt möglich? Die Insinuationen dienen zunächst einem simplen Zweck, nämlich das Licht des Kronzeugen strahlen zu lassen. Mit »Umso erschütternder ist deshalb der Tabubruch Norman Finkelsteins« wird folglich der Abdruck eines Finkelstein-Interviews begründet. Sein Kernsatz: »Die JCC allein ist verantwortlich dafür, daß viele Opfer, auch die Sklavenarbeiter, nie entschädigt wurden.« Die Umkehrung von Schuld und Verantwortung, die Darstellung der Täter als Opfer, der Opfer als die eigentlichen Täter ist offensichtlich das eigentliche Motiv. Diese ideologische Volte ist um so erstaunlicher, als die Belege hierfür nur drei Worte wert sind: Sie sind falsch.

Zur Begründung seiner Position umreißt Finkelstein in dem Interview das Luxemburger Abkommen. Er spricht in diesem Zusammenhang von drei Abkommen.[19] Ein Abkommen habe die Entschädigung deutscher Juden vorgesehen, durch ein zweites Abkommen solle die Aufnahme jüdischer Flüchtlinge in Israel unterstützt werden. Finkelsteins Darstellung des dritten Abkommens sei der Bedeutung wegen ausführlich zitiert: »Als dann deutlich wurde, daß ganze Opfergruppen durch die Maschen des

Entschädigungsnetzes fallen würden, wurde ein drittes Abkommen beschlossen. Alle Verhandlungen für dieses Abkommen fanden direkt mit der JCC statt. Und die deutsche Seite bestand nachdrücklich darauf, daß die Gelder allein ›Opfern der Nazis im engsten Sinne, die ungerecht oder ungenügend entschädigt wurden‹ zugute kommen. Definiert wurden diese als nichtdeutsche Juden, die sich in Gettos, Konzentrations- und Arbeitslagern befunden hatten. Für Sklavenarbeiter wurde in dem Abkommen pro Person zuerst eine relativ kleine Summe für erlittene Haftzeiten veranschlagt. Ein Zusatzabkommen sah aber vor, daß Sklavenarbeiter, die einen gesundheitlichenSchaden erlitten hatten, eine lebenslange Rente erhalten sollten.«

Finkelstein gibt hier eine Falschdarstellung in zweierlei Hinsicht. Erstens verwechselt er das Protokoll Nr. 2, das die Globalentschädigung jüdischer Opfer außerhalb Israels regelt, mit dem Protokoll Nr. 1, in dem Grundlinien für eine durch die Bundesrepublik zu formulierende Gesetzgebung zur individuellen Entschädigung von NS-Opfern skizziert wurden. Denn nur Protokoll Nr. 1 befaßt sich mit der von ihm angesprochenen Problematik und nur hier findet sich deshalb die Formulierung, daß in der künftigen deutschen Entschädigungsgesetzgebung Zwangsarbeit als Form von Freiheitsberaubung anerkannt werden soll. Zweitens weiß er nicht oder er unterschlägt es, daß die Formulierung im Protokoll Nr. 2 lautet: »Die so gezahlten (...) Beträge werden für die Unterstützung, Eingliederung und Ansiedlung jüdischer Opfer (...) verwendet.«[20] Hinsichtlich der Form, in der die Unterstützung von NS-Opfern erfolgen sollte, gab es zudem einen Interpretationsspielraum.[21] Die Passage insgesamt macht deutlich, daß der Gedanke der sozialen Integration im Vordergrund steht.[22] Diese prinzipielle Fehlinterpretation des Luxemburger Abkommens entzieht Finkelsteins Kritik an der Claims Conference jegliche Legitimation.[23] Die Claims Conference formulierte deshalb prompt eine angemessene Gegendarstellung, die auch gedruckt wurde.

Eine sich hieran anschließende eigene Recherche hätte spätestens jetzt dazu führen müssen, daß sich die Redaktion für die – freundlich ausgedrückt – »Zeitungsente« entschuldigt und das Thema fallen läßt. Doch sie entschied sich fürs Nachsetzen und interviewte Wolfgang Benz, Leiter des Zentrums für Antisemitismusforschung an der TU Berlin, der »Stellung zu den Behauptungen« nehmen sollte, also als begutachtende Instanz eingeführt wurde. Benz bestätigte im wesentlichen die Darstellung der Claims Conference, antwortete jedoch auf die Frage, was ein Zwangsarbeiter »bekommen« habe entsprechend dem Protokoll Nr. 1: »Wenn er auf dem Gebiet lebte, in dem damals das Grundgesetz galt, dann hatte er Anspruch auf Entschädigung für die erlittene Haft oder auch Zwangsarbeit, aber nicht einen auf Lohn für Arbeit. Auch wer im westlichen Ausland lebte bekam etwas. Die Opfer in den östlichen Staaten bekamen nichts.« Das Interview endete mit dem Benz-Satz: »Die mangelnde Entschädigung für NS-Opfer in Osteuropa ist eine schreiende Ungerechtigkeit.«[24]

Ohne auf Details dieser Aussage einzugehen, kann die generelle Richtigkeit dieser Sätze nur bestätigt werden. Doch was folgt hieraus? Hierzu äußerte sich die Redaktion zunächst nicht, sondern holte weitere Stellungnahmen ein und forcierte damit das Thema. Zunächst erschien ein Artikel von Rafael Seligmann, der sich wenig kenntnisreich auf die Position »Behauptungen ohne Beweise« (8.2.2000) zurückzog und ansonsten die Lebensweisheit zum besten gab, daß Kritik weder »vor goldenen Kühen noch vor koscheren Organisationen« Halt machen dürfe. Anschließend (12.2.2000) veröffentlichte man einen historischen Aufriß zur Entschädigungsgesetzgebung von Ulrich Herbert, der von der Redaktion u.a. mit dem Satz eingeleitet wurde: »Seit Kriegsende hatte der Völkermord in den Vernichtungslagern die NS-Beschäftigungspolitik (sic!) von acht (sic!) Millionen Zwangsarbeitern in den Hintergrund treten lassen. Die internationalen Wiedergutmachungsforderungen nach 1945 bezogen sich vor allem auf jüdische Verfolgte, deren Ansprüche durch das Luxemburger Abkommen und die deutschen Entschädigungsgesetze teilweise erfüllt wurden.«

Am 1. April schließlich erschien ein Interview mit Karl Brozik, das von Seiten der Berliner Zeitung äußerst aggressiv geführt wurde. Obwohl Brozik, Leiter der Claims Conference in Deutschland, die Kritik entsprechend der Sachlage überzeugend zurückwies, wiederholte Michael Mönninger in der redaktionellen Vorbemerkung die alte Finkelstein-Position, untermauerte sie zudem mit dem Hinweis, der Autor habe »gegenüber unserer Zeitung seine Quellen offen gelegt« und verschärfte den Angriff noch einmal mit einem neuen Finkelstein-Zitat, in dem dieser die Claims Conference für die Machenschaften der Holocaust-Leugner verantwortlich machte: »Ist es nicht die Claims Conference, die den Damm bricht, der die grausame Wahrheit über den Holocaust vor den Holocaust-Leugnern abschirmt?« Das Schlußwort in dieser redaktionellen Vorbemerkung erhielt Gunnar Heinsohn, Leiter des Instituts für Xenophobie- und Genozid-Forschung an der Universität Bremen, von dem berichtet wurde, daß er »Finkelsteins Aussagen bedingungslos unterstützt hat«. Fazit der Berliner Zeitung: »Hier hat sich ein neuer Historikerstreit aufgetan (...).«

Worüber? Über Finkelsteins Anwürfe gegen die Claims Conference, die sich in ihrer inhaltlichen Substanz, wie erwähnt, durch einen Blick in das Luxemburger Abkommen grundsätzlich erledigen und deren »Quellen«-Basis – ebenfalls von der Berliner Zeitung nicht weiter thematisiert – von der Claims Conference selbst initiiert worden ist? Oder etwa über die Behauptung, die Juden selbst, in diesem Fall: speziell die Claims Conference, hätten die Holocaust-Leugnung zumindest mit zu verantworten?

Oder soll es einen Historikerstreit über die Frage geben, daß NS-Opfer in Osteuropa, insbesondere Zwangsarbeiterinnen und Zwangsarbeiter, gar nicht oder miserabel entschädigt wurden? Auch hierüber gibt es keinen Grund zu streiten. Denn dies ist eine unbestreitbare Tatsache. Eine Tatsache ist auch, daß sich an diesem Zustand nichts geändert hätte, wenn nicht insbesondere von jüdischen Opfern Sammelklagen gegen deutsche Konzerne eingereicht worden wären und sie nicht dazu beigetragen hätten, daß die ursprüngliche deutsche Absicht, osteuropäische Opfer an den Verhandlungen nicht zu beteiligen, scheiterte. Zu streiten wäre deshalb allenfalls über die Frage, warum diese Entschädigung ausblieb, warum nicht spätestens seit 1990 (2+4-Vertrag) alles daran gesetzt wurde, um wenigstens dann das noch Mögliche nachzuholen, warum in den gerade abgeschlossenen Verhandlungen die deutsche Seite so viele Anstrengungen unternahm, bestimmte Opfergruppen auch weiterhin von Leistungen auszuschließen.

Statt dessen wurde ohne einen einzigen stichhaltigen Nachweis eine Kampagne gegen die Claims Conference begonnen, der mit Hilfe Finkelsteins vorgeworfen wird, sie habe schon geleistete Zahlungen den Opfern vorenthalten und würde obendrein mit falschen Zahlen osteuropäische Zwangsarbeiterinnen und Zwangsarbeiter um ihren gerechten Anteil bringen. Hier findet also nach dem Motto »Blaming the Victim« eine Verkehrung der Verantwortung für die unzureichende deutsche Entschädigungspolitik statt. Die bisherigen indirekten Angriffe wandeln sich damit in direkte. Sie werden jetzt in der bekannten paternalistischen Pose der Fürsprache für osteuropäische Opfer vorgetragen. Das Schlußwort »Historikerstreit« deutet dabei schon an, daß auf Grundsätzliches gezielt wird.

Hätte man das Thema unter sachlichen Gesichtspunkten also bereits im Frühjahr 2000 sofort wieder fallen lassen müssen, so zeigt das Erscheinen der englischen Buchausgabe im Sommer, daß alles Bisherige allenfalls die Ouvertüre war.[25] Der FAZ war es vorbehalten, das Motto des Unternehmens vorzugeben und damit zu umreißen, worum sich die Historiker künftig streiten sollen: Finkelstein habe »ein Fenster aufgestoßen«, formulierte Lorenz Jäger im Feuilleton und machte damit noch einmal nachvollziehbar, warum in dieser Zeitung die Walser-Bubis-Kontroverse so intensiv ausgetragen worden war. Mit diesem Tenor gab es im weiteren Verlauf verschiedene, sich Luft verschaffende Formulierungen bis hin zur wortwörtlichen, die Debatte bringe »etwas frische Luft« (v. Arnim).

Allerdings waren die Akteure von vornherein nicht frei von dem Wissen, daß man sich hierbei auf einen ausgesprochen windigen Gewährsmann berief. Die Süddeutsche Zeitung etwa leitete den Abdruck eines Finkelstein-Artikels mit der Behauptung ein, die Belege für Finkelsteins Invektiven befänden sich in dessen Buch und versuchte mit einem Extra-Hinweis auf dessen Internet-Seite den Eindruck von Seriösität zu erwekken.[26] Nur knapp einen Monat später änderte sie ihre Haltung und zog im schroffen Gegensatz zu ihrer ersten Stellungnahme Finkelsteins Zuverlässigkeit in Zweifel: »Der Auslöser für eine ernste Debatte muß nicht unbedingt seriös sein. Im Gegenteil: Oft sind es polemische, überspitzte, teilweise sogar falsche Behauptungen und Thesen, die zu vernünftigen Antworten herausfordern. Und vermutlich ist dies auch mit Norman Finkelsteins Buch »The Holocaust Industry« nicht viel anders. Der Beginn, Finkelsteins Thesen von der ›Ideologisierung des Holocausts‹: Da mag manches fragwürdig sein – doch im besten Fall bringen die Repliken dann Wahrheiten zur Sprache, die erklären, klärend wirken.« (Petra Steinberger, Verstörungstheorie, 2.11.2000)

Die anfänglich bemühte Rechtfertigung für eine »Finkelstein-Debatte« wurde hiermit fallengelassen, jetzt sprach die Süddeutsche den wahren Beweggrund aus. Finkelstein hatte zwar nichts aufgedeckt, über das es sich zu diskutieren lohnte, aber mit seiner Hilfe konnte artikuliert werden, worüber man in diesem Land schon lange reden wollte. Was mit seiner Hilfe geklärt werden soll, wurde jetzt mit Bezug auf den Economist anspruchsvoller als in der Berliner Zeitung in die Worte gefaßt: »Doch sein Grundargument, das Gedenken an den Holocaust werde entwürdigt, ist ernst und sollte ernst genommen werden.« Es erhoben sich also die Kinder und Kindeskinder der NS-Täter gegenüber den noch lebenden Verfolgten und erklärten sich in einer Situation, in der sie nach mehr als 50 Jahren den wenigen heute noch lebenden Opfern ihrer Verbrechen elementare finanzielle Ausgleichszahlungen weiterhin vorenthielten, mit Berufung auf Finkelstein zu den eigentlichen Hütern der Erinnerung. Daß hierbei dessen Auschwitz-Relativierung – er versucht die Vernichtung der europäischen Juden mit den Verbrechen gegenüber der amerikanischen Urbevölkerung oder dem Vietnam-Krieg auf eine Stufe zu stellen – unerwähnt bleibt, fügt sich ins Bild.

Wie ernst es den Sachwaltern mit ihrem Anspruch war, Deutungsmacht zu sichern, zeigte die allgemeine Empörung, die zunächst Salomon Korn und dann Paul Spiegel entgegenschlug, als sie die Ansicht äußerten, die Veröffentlichung des Finkelstein-Buches in Deutschland sei angesichts neonazistischer Tendenzen und sich verstärkendem Antisemitismus kontraproduktiv. War Ignatz Bubis zwar weitgehend isoliert in der Auseinandersetzung mit dem Schriftsteller Walser, so galt er aber doch als ein prinzipiell gleichberechtigter Gegner. Dieses Glück hatten Korn und Spiegel nicht. An ihren Stellungnahmen wurde vielmehr exemplifiziert, was Demokratie und Freiheit des Wortes in dieser Gesellschaft bedeuten. Doch fehlte das fürsorgliche Argument nicht, daß die anhaltende Weigerung, angebliches jüdisches Fehlverhalten in den Mittelpunkt deutscher Reflexion zu rücken, Antisemitismus nur fördern würde.

Die inhaltliche Diskussion selbst verlief vielschichtig, teilweise unter auffallender Zurückhaltung einiger Personenkreise, wie etwa etlicher Historiker und fast aller bekannten Politiker. So brachte die Süddeutsche Zeitung – neben der Plattform, die sie Finkelstein mit einem einleitenden Artikel und der Möglichkeit einer Replik zur Verfügung stellte – durchaus sachorientierte Beiträge, während die Berliner Zeitung unter Titeln wie »Norman G. Finkelsteins linke Abrechnung mit der ›Holocaust-Industrie‹« (26.8.2000) und gerade angesichts des unkritisiert gebliebenen deutschen Zukunftsfonds obskuren Fragen wie »Kann es wirklich sein, daß amerikanische Juden hunderte von Millionen Dollar in den Bau von Memorials investieren?« (5.9.2000) ihren alten Kurs fortsetzte. In der Regionalpresse erschienen ergänzend Schlagzeilen wie »US-Professor fordert Deutsche auf: Schluß mit der Vergangenheit« (Frankfurter Neue Presse, 24.8.2000). Doch standen auch öffentlich-rechtliche Medien weder hinsichtlich der Intensität der Berichterstattung (das Heute-Journal hatte bereits am 8. Februar den ersten Beitrag zu Finkelstein gebracht), noch hinsichtlich des gerade zitierten Argumentationsstils der Presse nicht nach. Der Deutschlandfunk etwa hatte in seiner Sendung »Politische Literatur« eine Rezension von »Holocaust-Industry« im Programm[27], in der es hieß: »Er kritisiert, daß mit falschen Opferzahlen und moralischer Erpressung gearbeitet und daß das Geld nicht an die tatsächlich Bedürftigen ausgezahlt oder zweckentfremdet werde. Das mag polemisch überspitzt sein, Aspekte unberücksichtigt lassen, wie ihm nun vorgeworfen wird, doch Pamphlete sind nun einmal nicht ausgewogen, weswegen sie im Kern doch Wahres enthalten.«

Diese Sätze folgen einem Argumentationsmuster, auf das, näher einzugehen, sich durchaus lohnt. Denn auch diese Autorin bemüht sich im Konsens mit anderen Journalisten nicht, die Behauptungen Finkelsteins auf ihren Wahrheitsgehalt zu prüfen, sondern erklärt sie einfach zur Polemik, die aber – so leitet sie wohl aus dem Wortsinn ab – »im Kern doch Wahres« erhalte. Im semantischen Zirkelschluß legitimiert also der Rekurs auf die Form den Inhalt zumindest grosso modo. Eine solche Argumentation erinnert wegen ihres Beharrens auf inhaltlicher Richtigkeit ohne rationale Prüfung des Sachverhalts an seit Jahrhunderten praktizierte Methoden der Unterstellung und Verdächtigung entsprechend dem jeweils vorherrschenden Ressentiment: Das von Juden ins Brunnenwasser gestreute Gift brauchte niemand zu finden; das Sterben vieler Menschen reichte zur Glaubhaftmachung antisemitischer Behauptungen. Umberto Ecos Satz über die Protokolle der Weisen von Zion leicht variierend, möchte man deshalb fragen: »Hatte wirklich niemand gemerkt, daß diese Collage unterschiedlicher Behauptungen (urspr.: Texte, R.S.) nichts als eine Fiktion war?«

Doch, wie schon die redaktionellen Bemerkungen in der Süddeutschen Zeitung zeigten, man hatte etwas gemerkt. Nur wollten die meisten nicht vom Thema lassen. In dieser Situation ermöglichte die formale Distanzierung von Finkelstein notwendigen Interpretationsspielraum. Seine Stichworte konnten auf diese Weise aufgenommen, in einem anderen Kontext neu legitimiert oder umformuliert werden. Neben dem kleiner werdenden Kern der uneingeschränkten Finkelstein-Apologeten bildete sich deshalb ein breiter Kreis von Zustimmenden, der Finkelstein mitnichten zurückweist, sondern seine Behauptungen verteidigt, indem er sie differenziert wiederholt.

Dabei wird vor allem auf zwei Autoren zurückgegriffen. Der eine ist

Der jüdische Kronzeuge 121

Peter Novick mit seiner Untersuchung über »The Holocaust in American Life«[28], der trotz seiner scharfen Distanzierung von Finkelstein wider den eigenen Willen quasi als dessen wissenschaftlicher Leumund rezipiert wird. Der andere ist Gabriel Schoenfeld[29] – auch er ein Jude wie Finkelstein, aber ein konservativer, was vielen als weiterer Wahrheitsbeweis gilt –, der sehr viel Verständnis für die »verwickelte« Lage der Schweiz aufbringt und in Europa weiterhin ungelöste Restitutionsfragen zum Beispiel auf den Umstand zurückzuführen geneigt ist, daß sie nicht »ausnahmslos eindeutig« seien. Eine seiner Schlußfolgerungen hieraus ist, daß »diese Schwierigkeiten (...) zwangsläufig die Frage nach den Taktiken auf(wirft), die zur Erzwingung von Regelungen angewandt werden«. Seine Antwort lautet: Die Politik der Claims Conference ist überzogen und aggressiv, gibt dem finanziellen Aspekt zu großes Gewicht und vernachlässigt deshalb wichtige Gesichtspunkte. Schoenfeld wird mit dieser Position in der Öffentlichkeit als gemäßigter Gegenspieler Finkelsteins dargestellt, der letztlich dessen Behauptungen bestätige.

Übersehen wird dabei allerdings, daß dieser Autor mitnichten offene Entschädigungsfragen in Abrede stellt und schon gar nicht behauptet, dies sei auf Unterschlagungen der Claims Conference zurückzuführen. Ihm geht es zunächst, wie zitiert, um Fragen der Taktik. Das ist zweifellos legitim, denn nicht zuletzt spiegeln sie den aktuellen Stand einer Auseinandersetzung wider, die geführt wird, seit es Entschädigungspolitik gibt. Doch Schoenfeld hat nicht nur eine Meinung zur Taktik, sondern auch zur Strategie. Zu ihrer Begründung führt er einen Ausspruch Ben Gurions an, mit dem dieser die israelische Bevölkerung aufforderte, das Luxemburger Abkommen zu akzeptieren. Er bezeichnete dabei die Entschädigungszahlungen als »letzte Mahnung der zum Schweigen gebrachten sechs Millionen (...), deren Ermordung der flammende Aufruf an Israel ist, zu wachsen, seinen Frieden und seine Sicherheit zu schützen und so zu verhindern, daß eine derartige Katastrophe jemals wieder das jüdische Volk heimsuchen kann«.

Schoenfeld knüpft hieran die Frage, ob heute auch nur »der Schatten jenes lebenswichtigen Imperativs« existiere. Er verneint sie, erklärt heutige Entschädigungsregelungen deshalb für zweitrangig und verbindet damit die Sorge, die attackierten europäischen Staaten könnten wegen des Vorgehens der Claims Conference ihre Haltung zu Israel ändern. Sein Fazit: »Die eigentliche Gefahr droht nicht von den Rändern, sondern liegt in dem Schaden, der in der politischen Mitte angerichtet wird.« Ein Freibrief für die Schuldner ist diese Argumentation zweifellos nicht, im Gegenteil: Aus ihr spricht Sorge und Mißtrauen, die diesen konservativen Juden zur Zurückhaltung in Entschädigungsfragen veranlassen, weil er sie als mögliche Belastung für die Existenzsicherung Israels ansieht.

Wie berechtigt diese Sorgen sind, zeigt die Pressekonferenz, auf der Finkelsteins Verlag Anfang Februar 2001 die deutsche Übersetzung des Buches vorstellte. Zirka 200 Medienvertreter hatten sich eingefunden, eine unübersehbare Zahl an Artikeln erschien in den Tageszeitungen, das Fernsehen sendete von Phoenix über verschiedene Dritte Programme bis hin zu den Privaten mit etlichen Wiederholungen Finkelstein in einem Ausmaß, daß es fast die in dieser Jahreszeit üblichen Karnevalssendungen übertroffen hätte.

Eines fiel dabei besonders auf. In einer Talkshow[30] im Anschluß an einen Film von Tina Mendelson über Finkelsteins Buch ergab sich eine Kontroverse zwischen dem ehemaligen deutschen Verhandlungsleiter Lambsdorff und der Autorin. Während Lambsdorff die Verhandlungen als – sagen wir – politischen Alltag darstellte, sah Mendelson in der gegebenen Situation die Notwendigkeit zu einer kritischen Aufarbeitung der Entschädigung. Sie meinte damit nicht etwa die noch immer andauernden Verweigerungen auf deutscher Seite wie Ausgrenzung von Opfern oder die Einbehaltung von Teilen geraubten Vermögens. Im Sinne Finkelsteins zielte sie vielmehr auf die kritische Aufarbeitung des Verhaltens jüdischer Repräsentanten. Sie verschärfte damit eine Blickrichtung, die längst unter der Prämisse formuliert worden war, die Nachkriegsgeschichte Deutschland nicht unter dem Aspekt ihrer nazistischen Belastungen zu untersuchen, sondern als »demokratische Erfolgsgeschichte«. Nun mag man Lambsdorffs Position als Rechtfertigung seines politischen Werks relativieren, doch war er derjenige, der Tina Mendelson mit am heftigsten widersprach. Offensichtlich hatte er – und damit auch die politische Kultur, für die er steht – mehr oder weniger den Sachverhalt akzeptiert, nachdem er und sein politisches Umfeld sich in einem gewissen Ausmaß internationalem Druck hatten beugen müssen.

Lambsdorff ist damit ein Vertreter traditioneller deutscher Nachkriegspolitik, deren Schwächen hinreichend bekannt sind. Für einen »Schlußstrich« steht sie mindestens seit Erhards Zeiten; für was sie künftig steht, wird sich zeigen. Mit Berufung auf Finkelstein artikuliert sich jedoch eine gesellschaftliche Strömung, die jetzt forciert nicht nur das geschlossene Abkommen ablehnt, sondern die Legitimität der Opferposition selbst in Frage stellt. Das deutet nicht nur auf einen gesellschaftlichen Konsens für einen Schlußstrich unter Entschädigungszahlungen hin, wie er mit dem Begriff »Globalabkommen« bereits offiziell zu ziehen versucht worden ist. Es könnte auch zu einem erneuten Ausscheren aus den internationalen Bemühungen kommen, die Zeit des »Kalten Kriegs« kritisch aufzuarbeiten, wie sie nicht zuletzt durch die weltweiten Untersuchungskommissionen im Gefolge der Schweizer Debatte über die Vermarktung von NS-Raubgold begonnen worden sind. Sie schnitte auch Fragen wie der nach der »vitale(n) Vergeßlichkeit« ab, die Dolf Sternberger gegenüber der Adenauer-Zeit formulierte und die Norbert Frei in seiner Untersuchung über »Vergangenheitspolitik« erneut aufnahm. Eine neue Form von »cultural lag« in Zeiten des von Adenauer herbeigesehnten, jetzt beinahe vollendeten »Wiederaufstiegs« wäre die Konsequenz.

Der Scheideweg, der sich spätestens seit der Walser-Rede auftut, zeichnet sich also immer deutlicher ab. Wird er weiter in dem skizzierten Sinn beschritten, dann dürfte ein »neuer Historiker-Streit« lediglich eine Konsequenz sein. Es greift deshalb wohl zu kurz, wenn kritische Stimmen darauf verweisen, der rechte Rand dieser Gesellschaft würde durch die Angriffe Finkelsteins gestärkt. Von mindestens ebenso großer Bedeutung dürfte sein, daß die sogenannte Mitte der »Berliner Republik« durch ihre Affirmation der finkelsteinschen Ideologie Positionen einnimmt, die bisher der radikalen Rechten vorbehalten waren. Das könnte fürwahr ein denkwürdiges Finale deutscher »Wiedergutmachung« sein.

Anmerkungen

[1] Welche Kultur soll die Deutschen leiten? Konrad Adenauer über sein Volk, die Vergangenheit und die Grundzüge einer christlich begründeten Politik, in: FAZ, 5.1.2001, S. 6.

[2] Als »seltsam unwirklich, wie durch eine dicke Nebelwand gesehen« charakterisiert zum Beispiel Constantin Goschler Adenauers Äußerungen noch zurückhaltend in: Wiedergutmachung. Westdeutschland und die Verfolgten des Nationalsozialismus, München 1992, S. 200.

[3] Zit. nach Goschler, S. 203.

[4] Nach Christian Pross schwebte ihm zeitweilig die Stiftung eines Krankenhau-

ses vor. Siehe Wiedergutmachung. der Kleinkrieg gegen die Opfer, Frankfurt/M. 1988, S. 59.

[5] Er mißtraute nach den Erfahrungen des Ersten Weltkriegs und insbesondere nach den deutschen Verbrechen gegen die Menschheit im Zweiten Weltkrieg deutscher Wandlungsfähigkeit und wollte durch eine bestimmte Form der Entindustrialisierung die Kriegsunfähigkeit des deutschen Staates strukturell sicherstellen. Siehe hierzu Greiner, Bernd: Die Morgenthau-Legende, Hamburg 1995.

[6] Siehe Anmerkung 4.

[7] Fischer-Hübner, Helga und Hermann: Die Kehrseite der ›Wiedergutmachung«. Das Leiden von NS-Verfolgten in den Entschädigungsverfahren, Gerlingen 1990, S. 187.

[8] Pross, Wiedergutmachung, S. 64.

[9] Ebd., S. 67.

[10] Siehe Surmann, Rolf: Sklavenarbeiter, NS-Opfer, Wieder«gut«machung, in: Vorgänge, 80/1986, S. 1 ff.

[11] Evers, Lothar: Verhandlungen konnte man das eigentlich nicht nennen ..., in: Winkler, Ulrike (Hg.): Stiften gehen. NS-Zwangsarbeit und Entschädigungsdebatte, S. 225 f. Dort auch weitere Beispiele.

[12] Es steht damit in der Tradition des Hauses. Adenauers Finanzminister Schäffer verbreitete zum Beispiel, Entschädigungszahlungen gefährdeten die Stabilität der deutschen Mark.

[13] Siehe Schobert, Alfred: Die Kronzeugenregelung, in: jungle world, 7.2.2001. Gemessen an der Massivität, mit der Finkelstein antisemitische Ressentiments anspricht, war die Fellner-Äußerung harmlos.

[14] Dieser Aspekt soll im Folgenden deshalb auch ausschlaggebend sein.

[15] Siehe hierzu den Beitrag von Wolfgang Wippermann.

[16] Siehe hierzu den Beitrag Ulrike Winklers, S. 33 f. und Surmann, Finkelsteins Polemik gegen die Jewish Claims Conference, S. 15 f.

[17] »Die Ungerechtigkeiten bei der Entschädigung der NS-Opfer sind seit langem bekannt. Während die Jewish Claims Conference (JCC) im Namen jüdischer Überlebender des Holocaust in Westeuropa oder den Vereinigten Staaten hohe Entschädigungssummen erstreiten konnte, sind die in Mittel- und Osteuropa lebenden Opfer mangels einer vergleichbaren Interessenvertretung nahezu leer ausgegangen.« Berliner Zeitung, 29.1.2000. (Dieser Artikel und alle folgenden Pressebeiträge werden in der Internet-Version zitiert.)

[18] Finkelstein selbst legitimiert seine Behauptungen im nachfolgend thematisierten Interview u.a. mit dem Satz: »Wäre die ganze Angelegenheit nicht so tragisch, könnte man darüber lachen, daß ausgerechnet die JCC selbst all das penibel dokumentiert hat.«

[19] Zum Luxemburger Abkommen siehe S. 62-64. Nur am Rande sei erwähnt, daß es sich hierbei im wesentlichen um zwei Abkommen mit der israelischen Regierung handelte und um zwei Protokolle mit der Claims Conference – Protokolle deshalb, weil die Bundesregierung die Claims Conference für den Abschluß eines Abkommens nicht berechtigt hielt.

[20] Dokumentation, S. 67 f.

[21] Siehe Vorspann zur Dokumentation des Protokolls Nr. 2, S. 63 f.

[22] Dieser Aspekt wird im übrigen durch die Präambel näher begründet, indem auf »große Werte an Eigentum und sonstigem Vermögen« verwiesen wird, von denen »ein Teil« durch die deutsche Rückerstattungs- und Entschädigungsgesetzgebung ersetzt wird, daß jedoch erhebliche Wertverluste nicht ausgeglichen werden können, »weil infolge der Ausrottungspolitik des Nationalsozialismus keine Anspruchsberechtigten mehr vorhanden sind«. Die 450 Millionen Mark für die Claims Conference sind also in erster Linie Ausgleichszahlungen für materielle Verluste von Ermordeten ohne Erben, nicht aber Entschädigungszahlungen für die individuellen Leiden der außerhalb Israels und der Bundesrepublik lebenden Juden. Da sich jedoch »zahlreiche jüdische Verfolgte des Nationalsozialismus infolge der Verfolgung in Not befinden« soll das aus dem genannten Grund gezahlte Geld für den zitierten Zweck verwendet werden. Siehe Dokumentation S. 67.

[23] Ausführlich zur Finkelstein-Kritik an der Claims Conference siehe die Beiträge von Ulrike Winkler und Dieter Vaupel.

[24] Reparationsleistungen für die jüdische Sache, in: Berliner Zeitung, 4.2.2000.

[25] Einen Aufriß der Debatte im Sommer 2000 gibt Behrensen, Arne: The Holocaust Industry – Eine deutsche Debatte, in: Piper, Ernst (Hg. unter Mitarbeit von Usha Swamy): Gibt es wirklich eine Holocaust-Industrie?, Zürich/München 20001, S. 15-43.

[26] »Auch darum kann sein Beitrag die Lektüre seines Buches, das die Belege seiner Thesen enthält, nicht ersetzen. Zur Vertiefung unterhält Finkelstein zudem eine Informationsseite im Internet (...).« (11.8.2000)

[27] 4.9.2000. Autorin ist Karin Beindorff.

[28] New York 2000; dt.: Nach dem Holocaust. Der Umgang mit dem Massenmord, Stuttgart/München 2001.

[29] Zeit der Besinnung, in: Süddeutsche Zeitung, 13.9.2000.

[30] Ursprünglich SWF, u.a. am 11.2.2000 auch von NDR 3 ausgestrahlt.

Lars Rensmann

Entschädigungspolitik, Erinnerungsabwehr und Motive des sekundären Antisemitismus

1. Einleitung

Mit den öffentlichen Debatten um die Entschädigung von NS-Zwangsarbeits-Opfern, die sich im Jahre 1998 analog zur Diskussion um die ›Friedenspreisrede‹ des deutschen Schriftstellers Martin Walser entfalteten[1], ist der erinnerungspolitische Diskurs zur nationalsozialistischen Vergangenheit in Deutschland in eine neue Phase getreten. Erstmals seit vielen Jahren war international ein politischer und rechtlicher Druck entstanden, der es der deutschen Wirtschaft erschwerte, sich den materiellen Ansprüchen von Zwangsarbeitsopfern, von deren erpreßter Arbeit viele Konzerne während des Nationalsozialismus profitierten, weiter zu entziehen. Hiermit bekam der Diskurs über den Holocaust eine materielle Komponente, die in der bis heute verleugneten materiellen Verantwortung der deutschen Industrie begründet liegt. Walser verkündete bereits in den Anfängen der Debatte dazu im Sinne der Industrie, daß die »Instrumentalisierung unserer Schande zu gegenwärtigen Zwecken« und die »Drohroutine« mit der »Moralkeule« der NS-Vergangenheit ein Ende haben müßten.

Mit der ideologischen und juristischen Abwehr der mit Unterstützung von Anwälten und jüdischen Organisationen erstmals mit Nachdruck vertretenen Forderungen der Opfer in Öffentlichkeit und Gerichtssälen stand hierbei von Beginn an zu befürchten, daß von beträchtlichen Teilen der Gesellschaft geteilte Vorurteile über Juden mit der Entschädigungsdebatte verbunden und mobilisiert würden. Schließlich glauben 39 % der Deutschen, »die Juden beuten den Holocaust für ihre Zwecke aus«[2]; bis zu 50 % meinen laut einer Untersuchung von 1998, Juden versuchten, aus der Vergangenheit des ›Dritten Reiches‹ heute ihren materiellen Vorteil zu ziehen und die Deutschen dafür zahlen zu lassen.[3] 63 % der Deutschen sind nach empirischen Umfragen darüber hinaus der Auffassung, daß ein »Schlußstrich unter die Diskussion über Judenverfolgung« gezogen werden sollte.[4] Diese »Mehrheitsmeinung« (Werner Bergmann) verbindet sich mit einem teils kaum gebrochenen Nationalstolz bis hin zur fast von der Hälfte der Gesellschaft aufrecht erhaltenen Ansicht, der Nationalsozialismus habe »gute und schlechte Seiten« oder gar »mehr gute Seiten« gehabt.[5] Angesichts solcher zum Teil fortwährender Identifizierungen und Ressentimentstrukturen mag es kaum verwundern, wenn die kritische Erinnerung an die deutsche Vergangenheit, zumal wenn sie konkrete Konsequenzen für das »Ansehen Deutschlands« zeitigen soll, oft mobilisierbare aggressive Abwehrreaktionen hervorruft, die sich mit dem ideologischen Repertoire des Antisemitismus verbinden. Dieser Umstand korreliert mit dem Motiv in Politik und Industrie, materielle Verantwortung abzuwehren, und weist doch zugleich über jenes hinaus; auch in der ideologischen gesellschaftlichen Identifikation mit der Wirtschaft und ihren Interessen im Sinne eines »Standortnationalismus« geht dieser Zusammenhang nicht auf. Vielmehr geht es um über- und tiefgreifendere sozialpsychologische Dispositionen und Stereotype, die nach wie vor verbreitet sind und die den gesellschaftlichen Boden bereiten für eine »soziale Tendenz zur irrationalen Abwehr«[6], zum Schlagen nach ›außen‹, wenn es um die Verantwortung aus den deutschen Verbrechen während des Nationalsozialismus geht.

Theodor W. Adorno hat in der Nachkriegszeit diesbezüglich auf der Grundlage empirischer Arbeiten Elemente einer Theorie des *sekundären Antisemitismus* – eines Antisemitismus aus Erinnerungsabwehr – entworfen, die in jüngster Zeit an Aktualität gewonnen haben. Demnach hat der Antisemitismus nach und *wegen* Auschwitz eine neue Dimension gewonnen, ohne aus dem alten Schema des politisch-sozialen Verfolgungswahns auszubrechen, der in Juden alle wahrgenommenen oder realen eigenen Probleme personifiziert. Juden repräsentieren hiernach im gesellschaftlichen Unbewußten nun selbst noch die Erinnerung an die verdrängte Tat, an die Geschichte des Holocaust. Auf sie wird die unerwünschte Verbrechensgeschichte delegiert, die seit 1945 tendenziell zur jüdischen Geschichte mutiert und von der deutschen kollektiven Vergangenheit abgespalten worden ist. Exemplarisch dafür ist die Aussage des Berliner Regierenden Bürgermeisters, Eberhard Diepgen, in einer Diskussion über die weitere Finanzierung einer NS-Gedenkstätte, die Berliner hätten schon genug für die jüdische Gemeinde getan.[7] Juden fungieren dergestalt als externalisierte Gewissensinstanzen, als quasi verkörperter *Schuldvorwurf*, der den nach Auschwitz zumindest an der politischen Oberfläche beschädigten kollektiven Narzißmus nationaler Größe nachhaltig beeinträchtigt, welcher potentiell auf Reparation lauert. Zu Grunde liegt solcher antijüdisch gewendeten Abwehr neben tradierten Stereotypen zumeist das schwelende Bedürfnis nach einer restaurierten, positiven, *ungebrochenen* Identifikation mit der Nation der Täter, für deren vermeintlichen Niedergang schon früher Juden verantwortlich gemacht wurden. Vielfach existiert eine unbewußte Sehnsucht nach »Erlösung« der Nation von historischer Schuld und Verantwortung. Dabei stört objektiv die Erinnerung an die Geschichte deutscher Verbrechen, der die positive Restauration tradierter deutscher Identität unwiderruflich zerstört hat.[8]

Als Repräsentanten dieser Erinnerung, die den zunehmend gehegten und geäußerten Wunsch nach ›Normalität‹, der Normalisierung der Vergangenheit zu gegenwärtigen Zwecken, desavouieren, stehen somit auch Juden der »erpressten Versöhnung« (Habermas) mit der eigenen nationalen Geschichte entgegen. Sie werden zu »Störenfrieden der Erinnerung« (Eike Geisel). Die gegen Juden gerichtete Abwehraggression verweist so auch auf das weitgehend unbearbeitete politisch-psychologische Bestreben, die Erinnerung an die Taten verdrängen zu wollen, weil sie unliebsam sind, ja die eigene, kollektive Identifizierung kritisch in Frage stellen und mit ihr die Idealisierung des nationalen Zusammenhangs und die Erhöhung des Selbst über die nationale Klammer. Nur in der kritischen Bearbeitung der unbewußten Identifizierungen, im subjektiv distanzierenden Schritt »[a]ußerhalb des Kollektivs fällt die Partizipation an dem gemeinsamen schützenden Wahn weg, der das Verbrechen verschleiert«[9].

Dieses Theorem und die empirischen Befunde machen eine heikle Motivlage sichtbar, die der Entschädigungsdebatte strukturell vorgelagert ist und bei vielen potentiell auf dem Sprung steht, ins Öffentliche zu drängen: »ein Klima, das verpönt, was am notwendigsten wäre: kritische Selbstbesinnung.«[10]

Das weit verbreitete Motiv, daß Juden mit dem Holocaust die Deutschen materiell ausbeuteten, ist solch ein sekundär-antisemitisches Ressentiment, bei dem das konservierte moderne antisemitische Stereotyp vom ›geldgierigen‹ oder ›rachsüchtigen‹ Juden auch zur Abwehr der Erinnerung und Vergegenwärtigung des Geschehenen dient. Mit der Abwehr kann sich so ein objektiver »Rollentausch« (Max Horkheimer) vollziehen, der die Tätergesellschaft in die Rolle des Opfers imaginiert, die Opfer hingegen als Täter erscheinen läßt. Aus dieser Konfiguration sprechen zugleich weitreichende soziale »Wahrnehmungsstörungen« und eine radikale kollektive Selbstbezüglichkeit, bei der die »Affektsperre« gegenüber dem Leid der Opfer[11] mit heftigen Abwehr-Affekten gegen die Erinnerung und die Opfer kompensiert wird. Von daher lag es nahe, daß dieser antisemitisch besetzte und auf Wahrnehmungsabwehr basierende Rollentausch sich auch an der von jüdischen Organisationen unterstützten Forderung materieller Entschädigung für Zwangsarbeitsopfer zeigen würde – wie es kaum ein Moment der Wirklichkeit gibt, das nicht, herausgebrochen und isoliert, für solche Zwecke verwendbar wäre.

Walsers latent antisemitische, d.h. nicht offen gegen Juden als Juden gerichtete, Invektiven brachten bereits diesen innigen Zusammenhang von Abwehraggression und Post-Holocaust-Antisemitismus zu einem neuen öffentlichen Ausdruck. Zugleich bot dessen Rede und die anschließende Kontroverse den Auftakt für die diskursive Formierung der Entschädigungsdebatte, Walser zufolge ein »ausländisches Problem«[12].

Im folgenden werde ich zunächst die Struktur der politischen Debatte um die Entschädigung von Zwangsarbeitsopfern mit ihren Merkwürdigkeiten untersuchen im Hinblick darauf, inwiefern ihr – symbolische, latente und manifeste, moderne wie ›sekundäre‹ – antisemitische Motive unterliegen. Sodann werde ich die Spiegelung dieser Motive in der Finkelstein-Debatte, die als Teil der Entschädigungsdebatte gesehen werden kann, analysieren, und schließlich diese wie jene in Beziehung setzen zur jüngsten antisemitischen Welle in der Bundesrepublik.

2. Politik mit der Entschädigung und sekundärer Antisemitismus

Neben im Verlauf der Debatte allmählich zunehmenden kritischeren Stimmen zum »schandhaften« Verhalten der zahlungsunwilligen Wirtschaftsunternehmen wurden in Politik, Konzernetagen und Medien wiederholt abwehraggressive und judenfeindliche Motive teils bewußt, teils unbewußt mobilisiert.

Dabei wurden zunächst die Opfer, ihre Anwälte und Verbände strukturell in die Rolle vermeintlicher ›Störenfriede‹ gesetzt, die mit insistierenden und vorgeblich unbegründeten Forderungen den wirtschaftlichen Fortgang behindern und Deutschland schaden wollen. Denn noch bis zum Sommer 1998 sahen diejenigen, die jetzt angeblich aus »moralischer Verantwortung« zahlen, »keinen Handlungsbedarf« in Sachen Zwangsarbeiter-Entschädigung – so der Bundesverband der deutschen Industrie (BDI).[13]

Noch vor jeglichen Verhandlungen hat darauf die Bundesregierung ihre Parteilichkeit mit der deutschen Industrie bekundet und damit suggeriert, sie sei politisch ›schutzbedürftig‹ gegenüber Angriffen von ›außen‹. Bundeskanzler Gerhard Schröder sprach davon, die Regierung werde sich »schützend« vor die Industrie stellen; als benötige diese vor den Opfern der Zwangsarbeit Protektion, denen man fast sechs Jahrzehnte die kalte Schulter gezeigt hatte, ja denen jedes Almosen – als symbolisch-materielle Anerkennung des erlittenen Terrors, der selbstverständlich nicht ›wiedergutgemacht‹ oder kompensiert werden kann – verwehrt worden ist.

Seither folgten dieser a priori verlautbarten Parteilichkeit gegen die Ansprüche der Opfer konsequent Taten. Bei der deutschen Interessenvertretung gegen die Überlebenden nationalsozialistischer Zwangsarbeit schien kaum ein diplomatischer Drahtseilakt zu gefährlich: Selbst bei einem Prozeß ehemaliger Zwangsarbeiter gegen deutsche Firmen in den USA sprang der Industrie das vom grünen Vizekanzler Joseph Fischer geleitete Außenministerium als *amicus curiae* zur Seite.[14] Geteilt und international durchgesetzt wurde von der Politik die Auffassung, die Firmen, die sich aus der Zwangsarbeit bereichert haben, trügen keine individuelle rechtliche Verantwortung. Die moralisch wie juristisch zweifelsohne berechtigten Ansprüche[15] wurden so durchweg politisch dementiert und delegitimiert. Dabei handelt es sich um den Versuch der Ausserkraftsetzung des im bürgerlichen Recht verankerten Verursacherprinzips. Einer der »bedenklichsten Aspekte«, so Micha Brumlik, »ist denn auch der nicht anders als erpresserisch zu nennende Versuch, die Unabhängigkeit US-amerikanischer Gerichte einzuschränken und damit einem anderen demokratischen Staat, den USA, der so genannten Rechtssicherheit wegen die Aufhebung des Prinzips der Gewaltenteilung aufzunötigen«.[16]

Allerdings kündigt dieser politische Versuch der Interessendurchsetzung nicht nur von einem fragwürdigen Verständnis von Demokratie und Gewaltenteilung. Der international erzeugte politische Druck vor exterritorialen Gerichten sticht neben den wiederholten Drohungen der deutschen Seite, alle Verhandlungen abzubrechen und somit mit der geringen Zeit zu spielen, die den Überlebenden noch bleibt, besonders hervor vor dem Hintergrund der zeitgleich eskalierenden politisch-medialen Debatte.

Hier wird mannigfach das Bild der Erpressung mobilisiert – allerdings in der Darstellung jüdischer Anwälte und Organisationen. Der *Spiegel* schafft beispielsweise ein wahres Erpressungsszenario, dem zufolge die »geschäftstüchtigen« Anwälte, jüdischen Organisation und Opferverbände unter dem Vorwand von Gerechtigkeit und Sühne ihren Geldinteressen nachgingen, indem sie deutsche Unternehmen unter Druck setzten: »Amerikanische Anwälte, die ihre Geschäftstüchtigkeit gut hinter der Fassade von Schuld und Sühne zu verstecken wissen, setzen deutsche Unternehmen mit überzogenen Forderungen unter Druck. Jüdische Organisationen streiten vor allem für die Opfer des Holocaust. Opferverbände und Regierungen im Osten Europas fordern Gerechtigkeit und meinen Mark.«[17] Den *Spiegel*-Autor aber scheint man nicht täuschen zu können; er sieht hinter die »Fassade«. Ist die Maske der hehren Gerechtigkeits-Motive der Opfer-Organisationen einmal abgerissen, kann er ihre ›Geldgier‹ zum Vorschein bringen.

Klischees über ›skrupellose‹, ›gerissene‹ und ›unnachgiebige‹ jüdische Anwälte und Organisationen, die mit dem unlauteren Interesse an, ja *mit Geld selbst identifiziert* werden, haben in der Debatte mitunter nicht mehr den Charakter eine Chiffre, eines kulturellen Codes, sondern tragen regelmäßig unverhüllt antisemitische Züge. Erstmals sind jene Stereotype in jüngerer Zeit offen proklamiert worden an gleichem Ort während der Walser-Debatte durch Rudolf Augstein, der von den »New Yorker Anwälten« als »Haifischen im Anwaltsgewand« und dem »Weltjudentum« als »große Macht« sowie »Rache bis ins siebte Glied« durch die »Weltpresse« gesprochen hatte.[18] In der *Süddeutschen Zeitung* wird nun entsprechend behauptet, die Opfer-Anwälte spielten »Weltpolizei«[19]; hier wird geradezu eine imperiale Macht konstruiert, die über Deutschland herfällt. Aus solcher national identifizierten Sicht sind folgerichtig diejenigen, die Entschädigungszahlungen gegen deutsche Unternehmen erwirkt haben, »Anwälte mit zweifelhaftem Verdienst«[20].

Wenn es um die Entschädigungs-Anwälte der Opfer-Seite geht, wird sequentiell ein stereotypes Portrait vom »jüdischen Anwalt aus New York« gezeichnet als »Profiteur«, der »aus dem Leid anderer ein gutes Geschäft« mache, »laut« und »aggressiv« auftrete, »droht«, »goldumrandete Brillen« trägt, »jederzeit bereit, ein Hörnchen mit bloßen Händen zu zerquetschen«. Er erscheint als »Rechts-Rambo«, »gefürchtet von deutschen Unternehmen« und »geldgierig«. Wenn solche »Überzeugungstäter oder Karrieristen« von »Moral und Würde reden, erscheint keine Summe zu hoch«.[21]

Kaum ein tradiertes antisemitisches Stereotyp, von jüdischer Aggressivität und Unangepaßtheit bis zur Vorstellung von Juden als körperlich schwächliche, unehrliche, hinterhältige Trickser und Betrüger, die nur Geld im Sinn haben, kaum eine judeophobe Projektion, auf die nicht während der öffentlichen Debatte im Blick auf die Opfer-Anwälte in der demokratischen Öffentlichkeit angespielt worden wäre. Vor allem aber werden im Verlauf der Debatte Juden in Bezug auf die Thematik des Holocaust projektiv auch als *Täter* verhandelt, so als diskutiere man über die Motive Eichmanns. Juden sehen diesen Konstruktionen gemäß in der Verfolgungsgeschichte und der deutschen Schuld vor allem ihren materiellen Vorteil. Mittels einer häufig reproduzierten syntaktischen Gegenüberstellung von »Moral« als Vorwand und »Geld« als ›wahres Motiv‹ scheinen die Beweggründe des Handelns der Anwälte und Organisationen besonders niedrig; wer ist schon skrupellos genug, das Leid von Opfern auszubeuten?

So wird ein politisches Klima befördert, in dem ausgerechnet den Überlebenden, ihren Anwälten und Interessenorganisationen in der äußerst ungleichen Auseinandersetzung mit Staat und Kapital entfesselter Partikularismus vorgeworfen wird. Das quasi erpresserische Verhalten der Industrie gegenüber den Überlebenden wird dergestalt auf Juden projiziert. Die eigene Aggressivität und skrupellose Verfolgung materieller Interessen wird den Opfern zugeschoben. ›Geldgierig‹ sind in dieser die Realität verkehrenden Wahnvorstellung nicht das zahlungsunwillige deutsche Kapital, sondern die überlebenden Zwangsarbeiter, nicht die aus der Zwangsarbeit bis heute profitierenden, »schutzbedürftigen« Konzerne, sondern eine scheinbar von mächtigen Juden verfolgte deutsche Wirtschaft.[22]

Die unterstellten Motive von Rachsucht, Geldgier und weltweiter Macht dienen im besonderen einer kollektiven Selbstverteidigung. Sie zielen unbewußt u.a. darauf, vom eigenen moralischen Versagen in Geschichte und Gegenwart abzulenken und die ›nationale Identität‹ als Opfergemeinschaft zu konstruieren und zu rehabilitieren. Dazu werden diejenigen, die das Gefährliche der Vergangenheit verkörpern, moralisch diskreditiert. Der Verweis auf nacktes materielles Interesse der Opfer und ihrer Vertreter rationalisiert insofern auch die Abwehr. Juden werden gleichsam in der Position der ewigen Verfolger imaginiert, die den Deutschen keinen Frieden gönnen. Während man selbst nur ›normal‹ weiterleben möchte, so die sekundär-antisemitische Figur, wollen die Juden sich noch an ihrem eigenen Untergang bereichern und lassen deshalb die Deutschen nicht in Ruhe;[23] ja Juden erscheinen, so Leo Löwenthal, als »so schamlos und geldgierig, daß sie sogar ihre Stellung als verfolgte Minderheit noch ausbeuten, um sich besondere Privilegien zu sichern«.[24]

Die Konstruktion der ›geldgierigen Opfer-Anwälte‹ und die nicht belegten Gerüchte um deren Honorare dominierten zeitweise in den deutschen Medien die Entschädigungsdebatte; die Millionen, die die deutsche Industrie in eine jahrelange juristische Abwehrschlacht investiert hat, wurden dagegen selten thematisiert. Während man also in Deutschland »das alte Stereotyp vom ›gierigen jüdischen Anwalt‹ auf Opferseite reaktivierte, war das wirklich große Geld längst auf der anderen Seite investiert und auch verdient worden: von gut bezahlten Rechtsanwälten, pensionierten Bundesbeamten und Richtern des Bundesgerichtshofes«[25] – seit Jahrzehnten mit Millionen finanzierte »Experten« der Industrie, einzig dazu beschäftigt, Ansprüche der Opfer abzuwehren; allerdings standen diese Arbeit und der üppige Verdienst aus ihr offenbar im ›höheren‹ Dienst der Nation, des ›Wir‹ einer deutschen Betroffenengemeinschaft.

Die Kritik an den Opfern, ihren Verbänden und Vertretern wird hierbei fast ausschließlich auf jüdische Gruppen, Organisationen und Individuen gemünzt. Erscheinen einerseits alle ehemaligen Zwangsarbeiter als Opfer jüdischer Anwälte und Verbände, so wird an anderer Stelle eine Hierarchie bei den Opfern selbst betont. Die ›Opfergruppen‹ werden dann strikt gespalten und die sogenannten ›wahren‹, ›benachteiligten Opfer‹ vielfach auf die Seite der deutschen Vertreter geschlagen. Nicht-jüdische Opfer werden so in die Gemeinschaft der ›ehrlichen Opfer‹ ›jüdischer Hinterlist‹ aufgenommen. Opfer-Anwälte und Organisationen bereicherten sich nicht nur an deutschen Unternehmen, sondern auch an den nichtjüdischen Zwangsarbeits-Opfern, die nun in den deutschen Regierungsvertretern ihre Anwälte fänden, weil die »jüdische Opferverbände« mit »grobem Egoismus« auf »Beute«[26] aus seien und in »maßlosem Ansinnen«

fast das ganze Geld »für ihre Klientel« verlangten.[27] Unterschlagen wird nahezu kontinuierlich, daß es vor allem den Bemühungen der Anwälte und der jüdischen Verbände zu verdanken ist, daß die deutsche Industrie zu Zahlungsverpflichtungen gebracht wurde. Konstruiert wird überdies, die Regierung, die mit der Industrie explizit jedweden individuellen Rechtsanspruch abgelehnt hat, vertrete die individuellen Ansprüche der Opfer.

Dieses schiefe Bild, das beispielhaft in einer Serie von Artikeln von Götz Aly reproduziert wird, endet in einer grotesken bildlichen Konstruktion, bei der die Vertreter der Opfer mit der SS verglichen werden: »In den KZs ließ die SS die Wassersuppe einfach zwischen die Häftlinge stellen und provozierte so regelmäßige Balgereien, die mit dem Sieg des Stärksten enden mußten. Eben dieses System zwingen nun die Vertreter der Opfer den Vertretern der Bundesregierung auf.«[28]

In solchen Verdrehungen und Verharmlosungen des Schreckens zeigt sich ein relativierendes Muster willkürlicher Gleichsetzung des Unvergleichbaren, gepaart mit der Verunglimpfung der KZ-Opfer und insbesondere mit Ressentiments gegen eine vermeintlich ›privilegierte‹ jüdische Opfergruppe und ihre Vertretung. Zugleich wird unverhohlen ausgesprochen, worum es dem Journalisten geht: um einen *Schlußstrich unter die NS-Vergangenheit.* »Nach mehr als fünfzig Jahren darf über das, was denunziatorisch als ›Schlußstrich‹ bezeichnet werden kann, nachgedacht werden. Das liegt im wohlverstandenen und legitimen Interesse der jüngeren Generation. Auch das zu wahren, gehört zu den Pflichten der Bundesregierung.«[29]

Die Stereotype der Entschädigungsdebatte konzentrieren sich so auf eine als mächtiges, weltweit wirkendes Kollektiv imaginierte Gruppe: Juden. Sie, die sozialpsychologisch in besonderer Weise Auschwitz repräsentieren, werden vielfach als *privilegierte Opfergruppe* dargestellt, und letztlich wird ihnen, entsprechend dem antisemitischen Denkmuster, unterstellt, sie beuteten den Holocaust für ihre Zwecke aus. Während es den einen um legitime Interessen und ein Leben ›in (Rechts-)Frieden‹ geht, wollen demnach die Juden an ihrer eigenen Verfolgung *und an der Verfolgung ›anderer Opfergruppen‹* Geld verdienen. Auch diese werden somit latent zum Opfer von materieller jüdischer Gier und Rachsucht stilisiert. Doch ihr Leid wird meist gekoppelt an die Fortschreibung einer nationalen Opfermythologie, die schon immer im Zentrum jedweder antisemitischer Paranoia stand. Die Verursacher des Leids, diejenigen, die

die Verbrechen begangen haben und deren Rechtsnachfolger sich ihrer Verantwortung entzogen haben, verschwinden hinter der Anklage gegen die jüdischen Mittler und Opfer. Auch dies ist ein Element der stereotypen wie selektiven Wahrnehmungsmuster der Debatte und ihrer symbolischen Ordnung.

Die Projektion der *Industrie* als einer von Juden verfolgten Unschuld bleibt freilich nicht unwidersprochen: Es stilisiere sich die deutsche Wirtschaft »zu einem Objekt moderner Raubritter in Gestalt US-amerikanischer Anwälte«,[30] in der *Frankfurter Rundschau* und *Süddeutschen Zeitung* zu lesen, und *Die Zeit* etwa kritisierte: »Bei Schröder erschien die deutsche Industrie als verfolgte Unschuld.«[31] Doch die grundsätzlichen Schieflagen, Verkehrungen und Stereotypisierungen wurden nur selten reflektiert.

Die medialen Bilder spielen meist mit dem in der Demokratie bewährten agitativen Muster von Assoziation und Innuendo. Sie »brauchen ihre antisemitische Intention nicht eindeutig offen zu legen, sie müssen nicht die ›jüdische antideutsche Verschwörung‹ herauflügen und tun es trotzdem«.[32] Doch in Medien und Politik finden sich auch immer wieder sehr offene Worte. So beschwert sich der CDU-Abgeordnete Freiherr von Stetten, zugleich Präsident des vom ehemaligen Marinerichter und baden-württembergischen Ministerpräsidenten Hans Filbinger (CDU) gegründeten und nationalkonservativen Studienzentrums Weikersheim: »*Ich will das Wort Zionismus nicht sagen,* aber antideutsche Stimmungsmache wird natürlich schon versucht zu machen und Stimmung gegen Firmen in den USA: Kauft die Ware nicht bei diesen bösen Firmen – eben das finde ich unappetitlich. So arbeitet man *im deutschen Recht nicht.* Das ist *Erpressung.*«[33] Freiherr von Stetten will das Wort »Zionismus« nicht sagen, sagt es aber und meint die weltweit als verschworene Gruppe »antideutsch« operierender Juden. So etwas gibt es nicht im deutschen Recht.

Einfühlung, ja Solidarität in der Öffentlichkeit bleibt so oft der Industrie vorbehalten, die letztlich nur ein Viertel der ausgehandelten Summe von 9,3 Milliarden für die Bundesstiftung aufbringen muß und daran bereits bisher gescheitert ist: »Wie kann den deutschen Managern die Sorge genommen werden, daß sie nach einer Einigung, die teuer genug wird, nicht doch wegen der *alten Geschichten* verklagt werden.«[34]

Rückwärtsgewandt rollen demnach die Opfer immer wieder »die alten Geschichten« auf, wie hier im *Spiegel* der systematische NS-Terror in Konzentrationslagern und auf Firmengeländen verharmlosen genannt wird, um den Deutschen zu schaden. Konnotiert wird indes auch das sekundär-antisemitisch aufgeladene Klischee, Juden lebten in der Vergangenheit und blickten nur zurück, vor allem aber das Stereotyp ›jüdischer Unversöhnlichkeit und Rachsucht‹.

Diese wird aber nur deshalb relevant, weil Juden zugleich eine internationale Machtfülle insinuativ zugeschrieben wird, mittels derer sie vermeintlich Deutschland bedrohten. Vor allem die »New Yorker Presse« scheint Angst zu machen. Als Repräsentanten der Sphäre der Vermittlung wird latent Juden zugeschoben, die Medien zu beherrschen und dazu zu manipulieren, die Erinnerung an Auschwitz präsent zu halten und so ihren Einfluß gegen Deutschland geltend zu machen. Jede legitime Kritik kann so als interessengeleitete, gegen Deutschland gerichtete jüdische Erfindung aus dem Bewußtsein gedrängt werden.

Unterlegt ist dieser realitätsverlustigen Sicht das Wahrnehmungsmuster, Juden seien eine *geschlossene Gemeinschaft* der Gläubiger mit internationaler Macht. Sie erscheinen insbesondere als heimliche Herrscher der Weltmacht USA: »Selbst Boykott-Aufrufe gegen deutsche Produkte werden durch die US-Regierung nicht mehr unter Kontrolle zu bringen sein. Die ›gesamte deutsche Wirtschaft‹ könn[t]e an den Pranger gestellt werden.«[35] Hier klingt, leicht verschleiert, eine Verschwörungsphantasie an.

Gekoppelt an die antisemitischen Motive sind andere ideologische Elemente der Abwehr und Projektion. Der deutsche »Beauftragte der Bundesregierung für die Stiftungsinitiative deutscher Unternehmen«, FDP-Politiker Otto Graf Lambsdorff, der die Zwangsarbeit, zu der polnische Landarbeiter gezwungen wurden, für eine »natürliche historische Erscheinung« hält, droht noch vor Verabschiedung des Stiftungsgesetzes, keinem Opfer eine Mark zu zahlen, wenn kein »Rechtsfrieden« hergestellt sei: »Die Unternehmen wollen sicher sein, die Bundesrepublik will das auch, daß sie nicht weiter mit Klagen überzogen werden. *Da muß Schluß sein.*«[36] Endlich soll Schluß und *Frieden* sein, sollen die Überlebenden aufhören, ihre Ansprüche einzuklagen, die ihnen seit 55 Jahren verwehrt worden sind. Über die Abwehr der notwendig störenden und irritierenden Erinnerung an die unfaßbaren Verbrechen schrieb Morowitz schon 1946 hellsichtig: »So lange den Deutschen der moralische Mut fehlt, die Folgen der Naziverbrechen gegen die Juden zu akzeptieren, werden sie versuchen, den Ankläger zu verfluchen und ihn zu denunzieren als jemand, der ihren

Frieden stört.«³⁷ Philosophisch formuliert Lambsdorff darüber hinaus: »Hat es je gerechten Ausgleich geben können, für Häftlinge, Gefangene, Heimatvertriebene, Bombengeschädigte?«³⁸ Der Regierungsbevollmächtigte relativiert hier die NS-Verbrechen, indem er implizit den Holocaust mit Gefängnisstrafen, der Vertreibung der Deutschen aus dem Osten und alliierten Bombenangriffen, Konsequenzen aus dem Vernichtungskrieg, gleichsetzt und zugleich indirekt deutsche Ansprüche auf Entschädigung anmeldet.

Derjenigen dominanten Strömung in der Ökonomie und Politik, die sich zu einer einmaligen, abschließenden Zahlung aus Angst vor internationalen Sammelklagen wie Boykotten sowie um das »Ansehen Deutschlands willen« gezwungen sehen, stehen noch die gegenüber, die Deutschland als Opfer einer internationalen Erpressung wähnen und dagegen selbstbewußt Entschädigung für die »Opfer der Vertreibung« fordern: »Über ein halbes Jahrhundert nach dem Ende des Zweiten Weltkrieges muß es auch für Deutsche eine historische Gerechtigkeit geben,« so der CSU-Abgeordnete Hans-Peter Uhl.³⁹ Uhl erinnert ausschließlich an die deutschen Opfer; andere haben in seinen Worten keinerlei symbolischen Ort mehr. Nach 1945 habe man, zitiert Uhl Hans-Georg Adler, »bloß das Wort ›Juden‹ mit ›Deutsche‹ vertauscht«. Weit »über zwei Millionen Deutsche« seien nach dem Ende des Zweiten Weltkriegs »durch Vertreibung, Internierung und Zwangsarbeit zu Tode gekommen. All dies geschah in demselben Zeitraum, als in den Nürnberger Prozessen gegen Nazigrößen Todesurteile wegen *ebendieser* Straftaten, also wegen Deportation, Zwangsarbeit und Vernichtung, ausgesprochen wurden«.⁴⁰ So werden die nationalsozialistischen Verbrechen wie die systematische Verfolgung und Ermordung der europäischen Juden und der Vernichtungskrieg mit über 50 Millionen Toten vollends gleichgesetzt mit den Folgen dieser Verbrechen. Hier fordert der Abgeordnete überdies, das alte Ressentiment gegen »die Siegerjustiz« mobilisierend, implizit Kriegsverbrecher-Prozesse gegen die Alliierten. Dergestalt wird die Debatte zur Entschädigung von NS-Zwangsarbeitern im Parlament zur Schaubühne für geschichtsrevisionistische Ideologeme.

Die in den Medien vorherrschende Vorstellung, die jüdischen Opfer würden die anderen Opfergruppen übervorteilen, manifestiert sich in zahlreichen Erklärungen konservativer Politiker im Bundestag. Etliche Abgeordnete der CDU/CSU haben das Stiftungsgesetz mit entsprechenden unzweideutigen Formulierungen abgelehnt: »[Es] stört mich die Tatsache, das die jüdische Bevölkerung in den Ländern, die an den Verteilungsverhandlungen beteiligt waren, den Löwenanteil der Entschädigungssumme bekommen, die ehemaligen Zwangsarbeiter in den anderen Ländern aber stark benachteiligt werden.«[41] Diese störende Tatsache ist freilich keine, sondern entspringt den Phantasien des Abgeordneten Georg Brunnhuber, der es zudem als »grobe Ungerechtigkeit« empfindet, »Daß die Frage der Entschädigung der ins Ausland verschleppten und dort als Zwangsarbeiter eingesetzten Deutschen nicht zur Sprache kommt«.[42] – »Ich kritisiere vor allem, das einige Opfergruppen gegenüber anderen privilegiert werden,« erklärt auch der Abgeordnete Hartmut Büttner.[43]

Das groteske Aufrechnen der Schuldkonten, um von den deutschen Verbrechen abzulenken und das Ressentiment von den noch im Leid ›privilegierten Juden‹ zu bestärken, fehlt auch hier nicht. Dabei offenbart sich eine nationale Vorstellung von ›Gerechtigkeit‹, die das Leid der Opfer nicht in den Blick nehmen kann und will: »Die Diskussion um Sklaven- und Zwangsarbeit hat auch viele Deutsche, die ähnliche Schicksale zu erdulden hatten, in ihrem Gerechtigkeitsempfinden getroffen. Lösungen *für alle diese Menschen* sind bisher weder in der Stiftung ›Erinnerung, Verantwortung und Zukunft‹ noch an anderer Stelle vorgesehen. Aus den vorgenannten Gründen enthalte ich mich zu dem Gesetzentwurf.«[44] Soll heißen: die Opfer der deutschen Verbrechen, vor allem aber die ›privilegierten Juden‹ sollen nichts mehr bekommen, solange die Deutschen nicht für ihre Taten entschädigt werden.

Ein revanchistischer Geist weht durch etliche solcher »Erklärungen« im deutschen Parlament. Die *gesamte CDU/CSU-Fraktion* fordert die Bundesregierung auf, »mit denjenigen Staaten, die nach dem Ende des Zweiten Weltkriegs *Deutsche* verschleppt und unter unmenschlichen Bedingungen zur Arbeit gezwungen haben, oder mit deren Nachfolgestaaten Kontakt aufzunehmen mit dem Ziel, das auch die noch lebenden *deutschen Opfer* von diesen Staaten eine – der deutschen Regelung entsprechende – Entschädigung in Form einer humanitären Geste erhalten«.[45] Es müsse »erlaubt sein«, so der führende CDU-Politiker Wolfgang Bosbach erläuternd, »in dieser Debatte darauf hinzuweisen, das auch viele Deutsche Opfer von Ausbeutung unter unmenschlichen Bedingungen waren«.[46] Dieser Satz bezieht sich auf keine konkrete Zeit, etwa die Periode des nationalsozialistischen Terrors, die in der Debatte verhandelt wird;

ebenso hätte Bosbach an Kain und Abel erinnern können. Der Satz hat nur ideologisch-psychologischen Sinn. Das Leid der NS-Opfer darf, sozialpsychologisch gesehen, keine bloße, letztlich erzwungene Erwähnung in einem Stiftungsgesetz finden, ohne daß allgemein auf ›deutsches Leid‹ in der Menschheitsgeschichte hingewiesen wird. Das Gedenken an die Opfer kann nicht für sich stehen bleiben, ohne daß aufgerechnet und relativiert wird.

Auch Bosbach malt wie selbstverständlich eine mächtige »Boykott- und Drohkulisse in den USA« aus und will, das alle Fragen »endgültig geklärt werden«. Beklagt wird, daß trotz der »formal abschließenden Regelung zur Wiedergutmachung [...] *schon bald neue Forderungen* gestellt und akzeptiert werden könnten«.[47] Dabei habe doch »die Bundesrepublik in den vergangenen Jahrzehnten bereits über 104 Milliarden DM an Wiedergutmachungsleistungen erbracht«.[48] Solch ein Popanz von vermeintlich ›ewigen‹ und überzogenen Forderungen in Milliardenhöhe, haben sich gegenüber der Realität der Opfer, die bis heute nichts erhalten haben und, erleben sie noch den Tag, nur wenige Mark erhalten werden, absolut immun zeigt. Hier hallt die rechtsextreme Parole »Deutsche, wollt ihr ewig zahlen« nach. Keine Erwähnung finden dem gegenüber 13 Milliarden DM jährlich, die der Staat an ehemalige Wehrmachtsangehörige zahlt, davon 600 Millionen an Beteiligte an Kriegsverbrechen oder Verbrechen gegen die Menschheit.[49]

Schließlich wird auch politisch das in der Entschädigungsdebatte bedeutende Motiv jüdischer ›Geldgier‹ und überproportionaler Macht latent aufgegriffen. Eine Abgeordnete der jungen Garde der CDU/CSU, Sylvia Bonitz, findet gleich deutliche Worte über die *Jewish Claims Conference* wie deren ›übermäßigen Einfluss‹ und deren ›Profite‹, ohne jedoch noch vorzugeben, es ginge bei dieser Beschuldigung um die Interessen der Opfer: »Während die Jewish Claims Conference, Russland, die Ukraine, Weißrussland, Polen und die Tschechische Republik [...] von einem großen Teil der 10 Milliarden DM Stiftungsmittel *profitieren* werden, sind Opfer aus den übrigen Ländern eindeutig benachteiligt. Es ist daher nicht auszuschließen, daß diese neue Prozesse anstrengen werden. Im übrigen nehme ich mit Bedauern zur Kenntnis, daß die Verhandlungen offenbar in weiten Teilen unter einem *übermäßig großen Einfluß der Jewish Claims Conference* gestanden haben, sodaß eine gerechte Mittelverteilung unter allen betroffenen Opfern von Zwangsarbeit fragwürdig ist.« Bonitz lehnt das Stiftungsgesetz auch deshalb ab, weil »wir uns m.E. nicht dem Risiko aussetzen [dürfen], *immer wieder mit neuen Forderungen konfrontiert* zu werden«[50] – und auch sie will freilich statt dessen Entschädigungsleistungen für »nach dem Ende des Zweiten Weltkriegs verschleppte Deutsche«.[51] Auffällig ist hierbei, das insbesondere diejenigen, die ›Entschädigung für Deutsche‹ fordern, immerzu das Privileg der »jüdischen Bevölkerung« betonen.

Der bereits erwähnte Freiherr von Stetten (CDU) spricht unter den Abgeordneten, die sich im Bundestag erklären, wiederum die wohl deutlichste Sprache: »Ärgerlich an dem Gesetz ist, daß es *Doppelzahlungen* gibt für einen Teil der Berechtigten; es ist überhaupt nicht einsehbar, daß Opfer, die bereits seit Jahren Renten oder Entschädigungen erhalten haben, nunmehr erneut die *Höchstentschädigung* bekommen« – gemeint sind amerikanische Juden, die gegen »berechtigte Ansprüche« von Opfern aus ost- und mitteleuropäischen Staaten ausgespielt werden. »Ärgerlich ist auch die *Raffgier* einiger Rechtsanwälte, die nicht in vollem Umfang gestoppt werden konnte.«[52] Die deutsche Wirtschaft und osteuropäische, nichtjüdische Zwangsarbeiter erscheinen hierbei wiederum gemeinsam als Opfer der jüdischen Anwälte und Organisationen und ihrer »*Raffgier*«. Mitleid wird plötzlich mit den nicht-jüdischen Opfern demonstriert[53], wenn es darum geht, andere als Privilegierte darzustellen, die vermeintlich doppelt abkassieren. Hier gehen Abwehraggression und Ressentiment die innigste Verbindung ein.

Den Antisemitismus innerhalb der deutschen Eliten, der gerade in der Entschädigungsdebatte zutage getreten ist, hat Paul Spiegel, Vorsitzender des Zentralrats der Juden in Deutschland, jüngst kritisiert. Jener grassiere, so Spiegel im *Bonner Generalanzeiger,* »mittlerweile in elitären Zirkeln. Man wirft mir in der feinen Gesellschaft, nicht am Stammtisch, vor, daß ich Antisemitismus erzeuge, daß die Juden Deutschland wieder aussaugten, weil sie das Mahnmal forderten oder jetzt die Entschädigungszahlungen«.[54]

Dagegen behauptet der Finanzvorstand des die Kapital-Seite in der Entschädigungsdebatte führenden Konzerns DaimlerChrysler[55], Manfred Gentz: »Bei meinen vielen Gesprächen bin ich auf keinen handfesten Antisemitismus gestoßen. [...] Im Topmanagement herrscht kein Antisemitismus, sondern eher das Gegenteil.«[56] Dem steht entgegen, daß mit Wolfgang Gibowski gerade der führende öffentliche Vertreter der »Stiftungsinitiative der deutschen Wirtschaft« immer wieder antijüdische Bilder bemühte, die die Vertreter der Opfer delegitimieren sollten: »Man weiß ja,« so Gibowksi, ohne Fakten zu recherchieren oder zu bemühen, »die amerikanischen Anwälte nehmen durchaus schon noch mal ein Drittel der Klagesumme. Es geht nicht darum, daß man *um die letzte Mark feilscht* und *die Anwälte sich eine goldene Nase verdienen.*«[57] Die »goldene Nase«, die sich die (jüdischen) Anwälte vermeintlich verdienen wollen, indem man »feilscht«, ist ein antisemitisches Imago. Ums Geld scheint es jedoch den Anwälten der Industrie und dem Kapital selbst, so wird insinuiert, nicht zu gehen.

Neben solchen oft in wütender Erregung vorgetragenen Stereotypen und den jahrelang wiederholten historischen Mythen über unfreiwillige »Verstrickungen« der Industrie in das nationalsozialistische Zwangsarbeitssystem[58] dokumentieren vorherrschende »euphemistische Umschreibungen« (Adorno) nationalsozialistischer »Unrechtsmaßnahmen«, wie wenig das Leiden der Opfer an die Subjekte gedrungen zu sein scheint. Dies zeigt sich auch in der Bemerkung von Gentz, in der Entschädigung für Zwangsarbeiter sei »wie bei der Contaganentschädigung« zu verfahren. Die NS-Verbrechen erscheinen so in einer Mischung aus Schicksal und ›Fehler‹.

Deutlich wird dabei eine innige Verbindung von materiellem Interesse, Erinnerungsabwehr und einer teils intergenerativen, identifikatorischen Verstrickung in die Mentalität der Tätergesellschaft, in die »Seite der Beschuldigten« (Walser). Zum Vorstand des von der Industrie durchgesetzten »Zukunftsfonds« - von fast der gesamten CDU/CSU-Fraktion als Teil der Stiftung »Erinnerung, Verantwortung und Zukunft« mit überragender Bedeutung gesehen, »[w]eil wir den Blick nach vorne richten müssen«[59] - hatte die Unternehmenslobby mit Gentz' Mitarbeiter Lothar W. Ulsamer bezeichnender Weise einen Vorstand designiert, der nicht nur zu Ehren von Filbinger publiziert hat, sondern dessen Aufsätze über Jahre in rechtsextremen, NPD-nahen Blättern erschienen sind. Dessen Dissertation gegen Deutschland »zersetzende Intellektuelle« wie Heinrich Böll hatte Hildegard Hamm-Brücher (FDP) 1987 als »reinen Rechtsradikalismus« und »Vorstufe zur Bücherverbrennung«[60] bezeichnet. Nur später öffentlicher Druck verhinderte zuletzt Ulsamers Hoheit über die Mittelvergabe der dem Fonds zugedachten 700 Millionen der Gesamtentschädigungssumme. Hier zeigt sich, wes Geistes Kinder offenbar die ökonomischen, von der Politik gestützten Traditions-Eliten sind, die in der Debatte um Entschädigung nun ihre eigene Vergangenheitspolitik betreiben; und was der Voraussicht nach von dem von Industrie und Bundestag durchgesetzten »Zukunftsfonds« zu erwarten ist.

Erst internationale Sammelklagen und eine Anzeigenkampagne in den USA von NS-Opferverbänden führten schließlich zum ersten offiziellen Angebot von Staat und Industrie,[61] und schließlich zum zweifelhaften Stiftungsgesetz. Nun aber fungiert dieses, so wird mit Nachdruck betont, als »abschließendes Zeichen«, wie es im Stiftungsgesetz heißt.[62] Zum günstigen materiellen gesellt sich der erhoffte ideologische Schlußpunkt unter die Geschichte.

Bei der Abwehr der Entschädigungsforderungen war so »mehr auf dem Spiel als Standortnationalismus und Kapitalinteressen. Es handelt sich um eine psychologische Abwehr, die sich der Erkenntnis verdankt, daß fast die ganze Nation an den Verbrechen partizipierte.[63] Es ging um die Bedingungen nationalen Selbstbewußtseins, das sich im unbekümmerter äußert. Wer in die anvisierte nationale Versöhnung aber »über fünfzig Jahre nach dem Zweiten Weltkrieg« und dem »Frieden« mit der eigenen Geschichte nicht einzugemeinden ist, im besonderen die Opfer und die Erinnerung an Auschwitz, zieht den aggressiven Affekt auf sich, der sich der Selbstreflexion entzieht.

Der Wunsch, die Realität der Verbrechen aus der Erinnerung zu tilgen, zur historischen Normalität zu verklären, geht einher mit dem Wunsch, das Geschehene den Opfern zuzuschieben. In Juden wird nicht zuletzt die eigene Schuld wie die *kollektiv-narzißtische Kränkung* des einstigen, fortschwelenden Zusammenbruchs nationaler Größe geschlagen. Juden erscheinen dann als personifizierte Ursache der »Dauerrepräsentation unserer Schande«. Nicht bearbeitete, konservierte Vorurteile gegenüber Juden und identifikatorische Empathie, »Milde« und »Nachsicht« (Götz Aly) mit der Tätergesellschaft wie ihrer ökonomischen Nutznießer mischten sich in der Entschädigungsdebatte so mit einer Dynamik der Abwehr, in der der Holocaust am Ende nur noch als bloßer, von außen erhobener Vorwurf erscheint – nur wegen Juden, wegen der »amerikanischen Ostküste«, so die Denkfigur, wird noch erinnert und gezahlt. Moralische Verantwortung, ein Gewissen gegenüber den Opfern, ist in solchem Bewußtsein so ich-fremd und wenig verinnerlicht wie unbewußte Schuldgefühle. Der Angriff auf Juden dient so auch einer kollektiven Selbstentlastung des zugleich mobilisierten »Wir-Kollektivs«. Denn über den Anspruch der Opfer formierte und stärkte sich der Plural der Nation, nach dem Motto: ›Wir‹ – Regierung, Industrie, Volk und Nation – müssen uns den Ansprüchen von ›außen‹, der Opfer, erwehren. Die Politik und große Teile der Öffentlichkeit vertraten mit Walser überwiegend jene »Seite der Beschuldigten«. Dergestalt wirkte die Entschädigungsdebatte als gemeinschaftsstärkendes Band – durch die Abwehr der Erinnerung an deutsche Verbrechen sowie ›fremder‹, ›jüdischer‹ Ansprüche, die gegen die Nation gerichtet seien. Solche Konstruktionen von Gemeinschaft durch die Abwertung eines imaginierten internationalen jüdischen Kollektivs haben freilich in der deutschen Geschichte Tradition und bilden eine kaum bearbeitete, mobilisierbare Unterströmung gesellschaftlichen Bewußtseins.

Die Entschädigungsdebatte wie andere Stränge des Holocaust-Diskurses werden heute somit zunehmend selbst zum Anlaß genommen, die lange Zeit ins Unbewußte und Halbbewußte, jedenfalls in die private und halböffentliche Sphäre der »Kommunikationslatenz« (Werner Bergmann) abgedrängten judenfeindlichen Vorurteile wieder öffentlich zu äußern.

3. Die Finkelstein-Kontroverse als Teil des Entschädigungsdiskurses

Die sogenannte »Finkelstein-Debatte«, die bereits mehrere Wochen im Sommer 2000 in der Weltöffentlichkeit, vornehmlich jedoch in den Feuilletons deutscher Medien kursierte, ist letztlich kaum mehr als eine kleine, kurze Episode im Kontext der Entschädigungsdebatte und insbesondere im größeren Zusammenhang jener gesellschaftlichen Normalisierungs- und Enttabuisierungstendenzen, die auch dem Antisemitismus neue Weihen verleihen. Bedeutung hat sie als Teil eines politisch-kulturellen Erosionsprozesses, dessen Grenzen derzeit unabsehbar sind. Im Unterschied zur ›Goldhagen-Debatte‹ oder der Wehrmachts-Kontroverse, jedoch ähnlich der ›Walser-Debatte‹ entwickelte sich hierbei die teils vorsichtige, teils ungehemmte nationale Apologetik nicht aus einer Defensive heraus, sondern schon der Diskursanlaß selbst hat dem Vorurteil den Weg gebahnt. Was nun in deutscher Übersetzung im renommierten Piper-Verlag erscheint, sind verschwörungstheoretische Tiraden über »weltweit operierende« »erpresserische« und »ausbeuterische« jüdische

Organisationen. Das Buch steht dabei nicht zufällig auch für einen ›Schlußstrich‹ unter die gesellschaftliche Erinnerung an den Holocaust und dessen singuläre Verbrechen: »›Do not compare‹ is the mantra of moral blackmailers. Organized American Jewry has exploited the Nazi holocaust to deflect criticism of Israel's and its own indefensible policies. [...] The abnormality of the Nazi holocaust springs not from the event itself but from the exploitive industry that has grown up around it. The noblest gesture for those who perished is to preserve their memory, learn from their suffering and let them, finally, rest in peace.«[64] Wie die deutschen Unternehmen und die deutsche Regierung will Finkelstein *Frieden* – Frieden von Rechts-Ansprüchen, von Erinnerung und Gedenken an die singuläre deutsche Tat, Frieden von den Opfern, heißt: Frieden von einer phantasmagorierten »juristischen« und »moralischen Erpressung«. »Abnormal« war hiernach nicht der Holocaust, »abnormal« sind die Juden und ihre Machenschaften.

Finkelsteins Anklage gegen das »organisierte Amerikanische Judentum« und dessen vermeintliche politische wie ökonomische »Ausbeutung« der deutschen Regierung, der Zwangsarbeiter und Holocaust-Überlebenden fügt sich in die präformierte Diskursstruktur der antisemitisch aufgeladenen Entschädigungsdebatte. Als ›linker‹, ›dissidenter‹ Jude und Sohn von Überlebenden hat er die Voraussetzungen in idealer Weise erfüllt, um eine Zeit lang zum vielbeachteten »jüdischen Kronzeugen« (Rolf Surmann) zu werden, der scheinbar einen unabhängig-objektiven Geist verkörpert.[65] Finkelstein konnte das Ressentiment, Juden beuteten den Holocaust gegen Deutschland für ihre eigenen materiellen Interessen aus, bestätigen und rationalisieren. Daß von dieser ›professionellen‹ Ausbeutung durch »jüdische Eliten« selbst noch die jüdischen wie insbesondere ›weniger privilegierten‹ *nicht-jüdischen* Opfer betroffen seien – dieser auch von Finkelstein gehegte Gedanke verleiht dem Vorurteil und der Abwehr ideeller und materieller Forderungen im Umgang mit den deutschen Verbrechen gerade im Zusammenhang der Entschädigungsdebatte moralischen Glanz.

Es gehörte seit je – von den Ursprüngen der Judenfeindschaft im Frühchristentum über den Antisemitismus im 19. Jahrhundert bis zur nationalsozialistischen Agitation – zu den zentralen Techniken antijüdischer Predigt und Propaganda, sich auf reale oder vermeintliche antisemitische Aussagen von Juden zu berufen, um dem Stereotyp größere Legitimität zu verschaffen.[66] Kaum verwundert es da, daß Finkelstein von radikalen

›Anti-Zionisten‹ und Neo-Nationalsozialisten wie auch von den Holocaust-Leugnern David Irving und Ernst Zündel besonders gefeiert wird (seinerseits hat Finkelstein im Stile von Ernst Nolte auch die »Revisionisten« ›kritisch gewürdigt‹[67]). Solcher Applaus ist weder Zufall noch unvermeidliches Beiprodukt einer ›ernsthaften‹ Debatte, wie vielfach suggeriert wird.

Der wissenschaftlich eher unbedeutende Autor, der sich früher vor allem mit antiisraelischen Invektiven (»Nazisreael«) einen Namen gemacht hatte, hat mit seiner ideologischen Parteinahme in Sachen Entschädigung und gegen die in Mißkredit gebrachte *Jewish Claims Conference* nach seinem ›Anti-Goldhagen-Buch‹ 1996 so zum zweiten Mal für eine Zeit die Rolle des »*jüdischen Kronzeugen*« übernommen, und dies nicht nur in rechtsextremen Kreisen. Dabei wurde er wiederholt auch in seriösen Medien zum Professor der renommierten Columbia University aufgebauscht, offenbar in einer Mischung aus strategischem Kalkül und einer Fehlleistung aus dem projektiven Wunsch, Finkelstein zur jüdischen *und* wissenschaftlichen moralisch-intellektuellen Autorität zu erheben. Finkelstein ist dabei avanciert zum vermeintlich ›authentischen‹ Zeugen für die Legitimität der vorurteilsvollen Abwehr gegen das Gedenken an Auschwitz und gegen die Erinnerung an eine aus der singulären Verbrechensgeschichte resultierende deutsche Schuld, ein Affekt, der u.a. auch aus Martin Walser gesprochen hat. Vor allem aber verschafft Finkelstein derzeit ein zitier- und salonfähiges *jüdisches Alibi* für von Antisemiten gedachte und gehegte Stereotype, die im besonderen seit der Walser-Debatte wieder unbekümmerter und offener in Politik, Medien und Gesellschaft lebendig sind als in den Jahrzehnten zuvor. Finkelstein reproduziert Mythen für diejenigen, die es ›immer schon gewußt haben‹ und forciert damit, freilich mit politisch-medialer Unterstützung, eine »Normalisierung der Ressentiments« (Tjark Kunstreich).

Denn der Politikwissenschaftler bedient all diejenigen stereotypen Abwehrmechanismen und Zuschreibungen, die die gesamte Entschädigungsdebatte konstituieren; unter ihnen hervorragend strukturelle, latente und offene Formen des Antisemitismus. Seine »Thesen« basieren auf stereotyp verallgemeinerten Aussagen, abgeleitet von (mit oftmals falschen Belegen und kühnen Konstruktionen garnierten) einseitigen Deutungen von realem oder vermeintlichem Verhalten einzelner Juden, denen durchweg ideologisch böswillige oder unlautere Motive unterstellt werden. Verwendung finden auch offen antisemitische Stereotype vom jüdischen »Schacherer« bis hin zur »jüdischen Aggressivität« und »Gier«. Diese Aussagen werden, vorgeblich ideologiekritisch, zu einer internationalen Verschwörungstheorie verdichtet, die ›hinter‹ einer monolithisch imaginierten »Holocaust-Industrie« (und der gesamten Holocaust-Forschung) ein ausbeuterisches jüdisches Netzwerk zum Zwecke von »Macht und Profit« sowie ein »zionistisches Programm« vermutet und somit den gesellschaftlichen Untergrund judeophober Phantasien von ›geld- und machtgierigen Juden‹ aufgreift und verstärkt. Was bei Walser die »Moralpistole« der »Meinungssoldaten«, scheint bei Finkelstein die »machtvolle Waffe« der »amerikanisch-jüdischen Eliten«: Auschwitz. Die NS-Vergangenheit erscheint dabei nur noch als Medium einer von außen kommenden Gewalt.

Deren ›Opfer‹ sind auch bei Finkelstein insbesondere »die Deutschen«. Durch jüdische Organisationen werde eine »öffentliche Hysterie gegen Deutschland«[68] geschaffen mit der Absicht einer »moralischen Erpressung«[69], obschon doch diejenigen NS-Opfer mit »fortwährenden Verletzungen« längst von Deutschland kompensiert worden seien. Dabei ginge es den Juden nur ums eine, das Geld, den »Holocash«[70]. Solche Wortschöpfungen stehen indes ebenso im Geist des Revisionismus wie Finkelsteins wilde Spekulationen über Opferzahlen. Verständnis hat Finkelstein angesichts seiner vermeintlichen »Entdeckungen« über Juden für den Antisemitismus. So versteigt er sich schließlich in die Behauptung, die »Holocaust-Industrie« sei »the main fomenter of anti-Semitism in Europe«[71] – Juden sind demnach am Antisemitismus selber schuld.

In Deutschland war dem New Yorker College-Dozenten Finkelstein damit ein Erfolg vergönnt, der ihm in den USA stets verwehrt geblieben ist. Als jüdischer ›David‹, der gegen den ›Goliath‹ vorgeblich mächtiger, weltumspannender Lobbys einer jüdischen »Holocaust-Industrie«, die im Interesse Israels und internationaler materieller »Ausbeutung« (vor allem der Deutschen) Auschwitz dauerrepräsentiere, findet der »große Antizionist Finkelstein«[72] hierzulande eine Gewogenheit und Anerkennung wie kaum sonst auf der Welt. Der falsche Schein aber, man wolle Finkelsteins Thesen ›sachlich‹ und ›ausgewogen‹ und auch ›kritisch‹ diskutieren, dient nicht selten dazu, jene Ressentiments als ernstzunehmenden Diskurs-Beitrag weiter zu rationalisieren; sie bekamen so die »Weihen des deutschen Feuilletons«.[73]

Im *Rheinischen Merkur* freut sich symptomatisch ein Autor besonders über das Buch, weil es ihm offenbar Freiraum für künftige ›Juden-Kritik‹

verschafft, »als bislang fast jeder Ansatz von Kritik an Bürgern jüdischen Glaubens oder jüdischen Organisationen in der Bundesrepublik schnell als ›antisemitisch‹ von der Öffentlichkeit wahrgenommen wurde«.[74] Diese verzerrte Sicht auf ideologische Diskurse in der Bundesrepublik, die einen irrealen Popanz von Philosemitismus und *political correctness* kreiert, der vor allem etwas über die Psychologie des Feuilletonisten verrät, wird mit dem in Deutschland lange isolierten Geschichtsrevisionisten Ernst Nolte und dessen grotesk anmutender Forderung nach mehr »wissenschaftliche[r] Redlichkeit im Umgang mit deutschen Hypotheken«[75] unterfüttert. Durch Finkelstein scheint so auch Nolte und der ressentimentgeladene Geist aus den intellektuellen Gruften des »Historikerstreits« wieder zitier- und verwendungsfähig zu werden. Aber selbst die *Süddeutsche Zeitung*, die Finkelstein zuerst vermarktet hat, behauptet, nichts sei so »unbeabsichtigt« wie der Beifall aus dem »Lager rechtsextremer Ressentiments« und fordert kühn zur »Lektüre seines Buches« auf, das vermeintlich »die Belege seiner These enthält«[76]. Jedes Ressentiment, das Finkelstein freimütig verlautbart, so wird suggeriert, ist demnach ›objektiv‹ und gut belegt; so steht es auch in der *Jungen Freiheit*.[77] Umso mehr freuen sich später Leser über »Finkelsteins mutigen [sic!] Anfang«.

Diese Suggestion der ›Objektivierung‹ des antisemitisch-erinnerungsabwehrenden Diskurses durch Finkelsteins Buch ist ein wichtiger Aspekt der Debatte. In der *Berliner Zeitung* gerinnt die Singularität des Holocausts, die Finkelstein als »Zeuge« vehement bestreitet, und die nationalen Normalisierungs- und Historisierungsbestrebungen objektiv entgegensteht, unter Berufung auf den Politologen folgerichtig zur bloßen These, die noch dazu aus einem »pervertierten deutschen Erwähltheitsbewusstsein in der Tradition von Hegel und Fichte (und später wohl auch Adorno)«[78] [sic!] stamme. Die kritischen Kommentare zu Finkelstein, wie Peter Longerichs Verriß in der *Frankfurter Rundschau*[79], konnten die verheerende Wirkung auch dieser Debatte kaum abschwächen.

Hierbei sind politisch-kulturelle Tabu- und Schamgrenzen weiter erodiert, und zwar als *Element* des zeitgenössischen Diskurses über den Holocaust. Die (sekundär-)antisemitische Konstruktion, daß sich Juden gerade mittels der Geschichte des Holocausts als Täter, Räuber und Erpresser betätigen und, von materieller Gier beseelt, sich »feilschend« an Staat und Wirtschaft in Deutschland »eine goldene Nase verdienen« (Gibowski) sowie Walsers deutschen *Seelenfrieden* partout zu verhindern wissen – für diese Phantasmagorie liefert auch Finkelstein eine *homepage*. Die enorme wie spezifische Finkelstein-Rezeption in der deutschen Öffentlichkeit ist nur im Kontext der politischen Psychologie und Kultur, ja des besonderen gesellschaftlichen Zusammenhangs zu begreifen. Jene Aufmerksamkeit ist mitnichten der ›Qualität‹ des Buches geschuldet, »sondern dem weitverbreiteten Bedürfnis nach ›Normalität‹ und damit verbundenem sekundären Antisemitismus sowie einem traditionellem Antisemitismus«.[80]

Im Jahr 2000 hat es eine neue Welle rechtsextremer, antisemitischer Anschläge und Agitationen gegeben. Antisemitismus hat sich zuvor bereits als eine zentrale Bindeideologie rechtsextremer Tendenzen erneuert. Er manifestiert sich heute aber im besonderen auch in öffentlichen Debatten über den Holocaust und ist vielfach an Motive der Erinnerungsverweigerung gekoppelt; die Entschädigungsdebatte und die Finkelstein-Debatte sind dafür ein besonderer Ausdruck.

Marion Gräfin Dönhoff behauptete schon 1996 in der *Zeit*, die Kritik der deutschen NS-Gesellschaft durch den jüdisch-amerikanischen Politikwissenschaftler Daniel Jonah Goldhagen könnte »einen mehr oder weniger verstummten Antisemitismus wieder neu beleben«.[81] Dann erschien während der Walser-Debatte Ignatz Bubis im öffentlichen Diskurs als »Anprangerer« mit »handfesten materiellen Motiven«, der antijüdische Vorurteile evoziere und sich selbst außerhalb des »Dialogs zwischen Menschen« stelle. Bei einer Straßenumbenennung zu seinen Ehren in Frankfurt, eineinhalb Jahre nach seinem Tod, gab es lautstarke antisemitische Proteste[82]; auch diese »Vorfälle beim Festakt [zeigen], daß sich heute mehr Menschen trauen, ihrer antisemitischen Gesinnung öffentlich Ausdruck zu verleihen«.[83] Seither werden vornehmlich Paul Spiegel oder Michel Friedman, selbst von Mitgliedern der eigenen Partei, nicht selten des »blanken Hass[es] gegen uns [Deutsche]«[84] geziehen, häufig vor der Wiederbelebung von Judenfeindschaft ›aufgrund seines Verhaltens‹ gewarnt. Zuletzt wurden jüdische Anwälte für einen neuen Antisemitismus verantwortlich gemacht. Solche Schuldzuschreibungen folgen dem historischen Muster und sind keine Einzelfälle. Dies ist die traurige Botschaft der ›normalisierten Gesellschaft‹ und ihrer Selbstdiagnosen.

In beträchtlichen Teilen der Gesellschaft lebt die politisch-psychologische Dynamik von Abwehraggression und Judeophobie weiter oder neu auf. Man will nicht von Juden, ›Weltjudentum‹ oder Zionismus reden, aber man *muss*, denn deren Verhalten lasse keine andere Wahl; und man kann und braucht sich diesem inneren Drang, »*über fünfzig Jahre nach dem Holocaust*«, kaum mehr zu verschliessen. Je stärker hierbei im öffentlichen Raum ›nationale Größe‹ und ein ›selbstbewußter‹ Nationalismus restauriert werden, desto heftiger brechen sich innig mit ihm verschränkte geschichtsrelativierende Abwehraggressionen und antisemitische Projektionen Bahn. Daran ändern auch offizielle Gedenkfeiern und demonstrative politische Inszenierungen gegen Judenfeindschaft und Rechtsextremismus wenig.

Anmerkungen

[1] Vgl. Micha Brumlik/Hajo Funke/Lars Rensmann: Umkämpftes Vergessen. Walser-Debatte, Holocaust-Mahnmal und neuere deutsche Geschichtspolitik, Berlin 2000.

[2] Siehe Golub, Jennifer: Current German Attitudes towards Jews and other Minorities, New York 1994, S. 37.

[3] Siehe Klaus Ahlheim/Bardo Heger: Der unbequeme Fremde. Fremdenfeindlichkeit in Deutschland – empirische Befunde, Schwalbach 1999, S. 103.

[4] Vgl. Forsa-Untersuchung, Die Woche, 24.12.1998.

[5] Vgl. Werner Bergmann/Rainer Erb: Antisemitismus in der Bundesrepublik Deutschland. Ergebnisse der empirischen Forschung 1946 – 1989, Frankfurt a.M./New York 1991, S. 255.

[6] Theodor W. Adorno: Schuld und Abwehr. Eine qualitative Analyse zum ›Gruppenexperiment‹, in: Ders.: Gesammelte Schriften Bd. 9.2, Frankfurt a.M. 1975, S. 121 – 324, hier S. 138.

[7] Zitiert nach ARD-Fernsehen, Tagesschau, 11.11.1996.

[8] Vgl. Micha Brumlik: Über die Verwechslung von Standortpolitik und Verantwortung, in: Blätter für deutsche und internationale Politik 7 (2000), S. 830 – 837, hier S. 831.

[9] Peter Berghoff: »Der Jude« als Todesmetapher des »politischen Körpers« und der Kampf gegen die Zersetzung des nationalen »Über-Lebens«, in: Peter Alter/Claus-Ekkehard Bärsch/Peter Berghoff (Hg.): Die Konstruktion der Nation gegen die Juden, München 1999, S. 159 – 172, hier S. 171.

[10] Theodor W. Adorno: Auf die Frage: Was ist deutsch, in: Ders.: Gesammelte Schriften Bd. 10.2, Frankfurt a.M. 1977, S. 691 – 701, hier S. 692.

[11] Vgl. Joachim Perels: Die Zerstörung von Erinnerung als Herrschaftstechnik. Adornos Analysen zur Blockierung der Aufarbeitung der NS-Vergangenheit,

in: Helmut König/Michael Kohlstruck/Andreas Wöll (Hg.): Vergangenheitsbewältigung am Ende des zwanzigsten Jahrhunderts, Opladen/Wiesbaden 1998, S. 53 - 68, hier S. 58ff.

[12] Zitiert nach Frankfurter Allgemeine Zeitung, 14.12.1998.

[13] Zitiert nach Matthias Arning: Wenn Entschädigung zu einer Frage des Prestiges wird, Frankfurter Rundschau, 11.7.1998.

[14] Vgl. Micha Brumlik: Über die Verwechslung von Standortpolitik und Verantwortung, a.a.O., S. 832.

[15] Zu den rechtlichen Minimalansprüchen auf Arbeitslohn (jenseits von Schadensersatz), welche bereits die angeblich »freiwilligen« Leistungen von Bund und Industrie um ein Vielfaches übersteigen, vgl. Thomas Kuczynski: Entschädigungsansprüche für Zwangsarbeit im »Dritten Reich« auf der Basis der damals erzielten zusätzlichen Einnahmen und Gewinne, in: 1999. Zeitschrift für Sozialgeschichte des 20. Und 21. Jahrhunderts 1 (2000).

[16] Micha Brumlik: Über die Verwechslung von Standortpolitik und Verantwortung, a.a.O., S. 833f.

[17] Der Spiegel, 9.8.1999, S. 34, zitiert nach: Gruppe 3 Frankfurt a.M.: Ressentiment und Rancune: Antisemitische Stereotype in der Entschädigungsdebatte, in: Ulrike Winkler (Hg.): Stiften gehen. NS-Zwangsarbeit und Entschädigungsdebatte, Köln 2000, S. 251 - 271, hier S. 251f.

[18] Siehe Rudolf Augstein: »Wir sind alle verletzbar«, in: Der Spiegel, 30.11.1998.

[19] Süddeutsche Zeitung, 16. 12. 1999, S. 2.

[20] Ebenda.

[21] Alle Zitate aus deutschen Tageszeitungen, zitiert nach Gruppe 3 Frankfurt a.M.: Ressentiment und Rancune, a.a.O., S. 254f.

[22] Vgl. Matthias Thieme: Stiften gehen, in: Jungle World 30 (2000), S. 6-7, hier S. 7.

[23] Vgl. Theodor W. Adorno: Schuld und Abwehr. Eine qualitative Analyse zum ›Gruppenexperiment‹, in: Ders.: Gesammelte Schriften Bd. 9.2, Frankfurt a.M. 1975, S. 121-324, hier S. 224.

[24] Leo Löwenthal: Falsche Propheten. Studien zum Autoritarismus, Schriften Bd. 3, Frankfurt a.M. 1982, S.85.

[25] Lothar Evers: Die Opfer der NS-Zwangsarbeit und die Arroganz der Macht, in: Blätter für deutsche und internationaler Politik 7 (2000), S. 837 - 844, hier S. 838.

[26] Götz Aly: Das Prinzip Wassersuppe, Berliner Zeitung, 3.2.2000.

[27] Götz Aly: Schuld ist nicht erblich, Berliner Zeitung, 22.1.2000.

[28] Götz Aly: Das Prinzip Wassersuppe, Berliner Zeitung, 3.2.2000.

[29] Götz Aly: Entschädigung ohne Ende?, Berliner Zeitung, 2.3. 2000.

[30] Frankfurter Rundschau, 11.12.1999

[31] Die Zeit, 10.11.1999, zitiert nach Gruppe 3 Frankfurt a.m.: Ressentiment und Rancune, a.a.O., S. 269.

[32] Gruppe 3 Frankfurt a.M.: Ressentiment und Rancune, a.a.O., S. 256.

[33] Panorama, NDR Fernsehen, 14.10.1999.

[34] Der Spiegel, 9.8.1999, S. 34ff, zitiert nach: Gruppe 3 Frankfurt a.M.: Ressentiment und Rancune, a.a.O., S. 254.

[35] Süddeutsche Zeitung, 20/21.11.1999, S. 6.

[36] Zitiert nach Matthias Thieme: Stiften gehen, in: Jungle World 30 (2000), S. 6-7, hier S. 6.

[37] Zitiert nach Gertrud Hardtmann: Von unerträglicher Schuld zu erträglichem Schuldgefühl? in: Dan Bar-On et al. (Hg.): Der Holocaust. Familiale und gesellschaftliche Folgen, Wuppertal 1988, S. 56-60, hier S. 60.

[38] Frankfurter Allgemeine Zeitung, 18.11.1999, S.1.

[39] Zitiert nach Matthias Thieme: Stiften gehen, in: Jungle World 30 (2000), S. 6.

[40] Deutscher Bundestag, 114. Sitzung, Plenarprotokoll 13/245, 6.7.2000.

[41] Ibid.

[42] Ibid.

[43] Ibid.

[44] Ibid. Hervorhebung d.A., L.R.

[45] Ibid. Hervorhebung d.A., L.R.

[46] Ibid.

[47] Ibid. Hervorhebung d.A., L.R.

[48] Ibid.

[49] So Salomon Korn, Frankfurter Rundschau, 10.11.1999.

[50] Deutscher Bundestag, 114. Sitzung, Plenarprotokoll 13/245, 6.7.2000, Hervorhebung d.A., L.R.

[51] Ibid, Hervorhebung d.A., L.R.

[52] Ibid.

[53] Vgl. hierzu auch Gruppe 3 Frankfurt a.M.: Ressentiment und Rancune, a.a.O., S. 265.

[54] Zitiert nach Berliner Zeitung, 23.12.2000.

[55] Auch in der Abwehr von Ansprüchen war Daimler lange ›führend‹. So verlautbarte das Hause Daimler Benz: »Bei der Festlegung, keine individuellen Leistungen zu erbringen, stand der Gedanke im Vordergrund, daß es ohne eine erneute Bürokratie kaum möglich sein könnte, die *Tatsache der Zwangsarbeit*

zweifelsfrei festzustellen. Eine solche Bürokratie hätte zu langwierigen Verfahren [sic!] geführt, vor allem aber *zu erneutem Unrecht geführt, durch das alte Wunden eher aufgerissen als geheilt worden wären.*« Zitiert nach Evers, a.a.O., S. 840; Hervorhebung d.A, L.R.

[56] Zitiert nach Berliner Zeitung, 23.12.2000.

[57] Panorama, NDR Fernsehen, 14.10.1999.

[58] Zum Stand der historischen Forschung vgl. Ulrich Herbert: Fremdarbeiter. Politik und Praxis des ›Ausländer-Einsatzes‹ in der Kriegswirtschaft des Dritten Reiches, Bonn 1999.

[59] Deutscher Bundestag, 114. Sitzung, Plenarprotokoll 13/245, 6.7.2000.

[60] Zitiert nach Marianne Heuwagen: Ein Ankläger, der versöhnen soll, Süddeutsche Zeitung, 16. 12. 2000, S. 6; vgl. auch Marianne Heuwagen: Zwangsarbeiter müssen weiter auf Geld warten, Süddeutsche Zeitung, 24.1.2001, S. 6.

[61] Vgl. Ulla Jelpke/Rüdiger Lötzer: Geblieben ist der Skandal. Ein Gesetz zum Schutz der deutschen Wirtschaft, in: Ulrike Winkler (Hg.): Stiften gehen, a.a.O., S. 235 - 250, hier S. 241.

[62] Zitiert nach Karl D. Bredthauer: Wenn Wohl-Täter stiften gehen, a.a.O., S. 677.

[63] Vgl. Gruppe 3 Frankfurt a.M.: Ressentiment und Rancune, a.a.O., S. 268.

[64] Norman G. Finkelstein: The Holocaust Industry. Reflections on the Exploitation of Jewish Suffering, London/New York 2000, 149f. Finkelstein behauptet auch, die Deutschen hätten »längst genug gezahlt«, im Gespräch mit dem Verfasser, Coney Island, 16. 8. 2000.

[65] Wurde Goldhagen dafür attackiert, als Jude der ‚zweiten Generation‹ zu subjektiv zu sein, als er die nationalsozialistische Gesellschaft kritisierte, erscheint beim germanophilen Autor Finkelstein ein ähnlicher Hintergrund oftmals geradezu als Objektivitätsnachweis für seine Thesen.

[66] Vgl. Lars Rensmann: Antisemitismus und »Volksgesundheit«. Zu ideologiehistorischen Verbindungslinien im politischen Imaginären und in der Politik, in: Christoph Kopke (Hrsg.): Medizin und Verbrechen, Ulm 2001, S. 44-82, hier S. 67.

[67] Vgl. Norman G. Finkelstein: The Holocaust Industry, a.a.O., S. 71.

[68] Ibid, S. 121.

[69] Ibid, S. 130.

[70] Ibid, S. 122.

[71] Ibid, S. 130.

[72] So Hans Mommsen im Vorwort zum germanophilen, gegen den Politikwissenschaftler Daniel Jonah Goldhagen und die gesamte Holocaust-Forschung gerichteten Erfolgs-Pamphlet *A Nation on Trial*. Vgl. in deutscher Übersetzung Ruth Bettina Birn/Norman G. Finkelstein: Eine Nation auf dem Prüf-

stand. Goldhagens These und die historische Wahrheit, Hildesheim 1998. Vgl. zur Kritik den Beitrag von Wolfgang Wippermann in diesem Band. Von Finkelsteins neuem Buch distanziert sich Mommsen allerdings unzweideutig: Finkelstein schaffe »durch maßlose Übertreibungen und mutwillige Fehlinformationen nur antisemitischen Ressentiments neue Nahrung«. Zitiert nach Ernst Piper: Vorwort, in: Ders. (Hg.): Gibt es wirklich eine Holocaust-Industrie? Zur Auseinandersetzung um Norman Finkelstein, Zürich 2001, S. 10.

[73] Vgl. Arne Behrensen: The Holocaust Industry – Eine deutsche Debatte, in: Ernst Piper (Hg.): Gibt es wirklich eine Holocaust-Industrie? Zur Auseinandersetzung um Norman Finkelstein, Zürich 2001, S.15-43, hier S. 36.

[74] Bernd Kallina: Du sollst vergleichen!, Rheinischer Merkur, 25.8.2000.

[75] Ibid.

[76] Vgl. die Einleitung zu Finkelsteins Beitrag, Süddeutsche Zeitung, 11.8.2000.

[77] Vgl. Ivan Denes: Der Milliardenpoker, Junge Freiheit, 28.7.2000.

[78] Philipp Blom: Dachau meets Disneyland, Berliner Zeitung, 11.8.2000.

[79] Peter Longerich: Ein Mann sieht rot, Frankfurter Rundschau, 22.8.2000.

[80] Arne Behrensen: The Holocaust Industry – eine deutsche Debatte, a.a.O., S. 38.

[81] Die Zeit, 5.9.1996.

[82] Vgl. Claudia Michels: Seit gestern hat Frankfurt eine Ignatz-Bubis-Brücke: Antijüdische Demonstranten störten die Umbenennung, Frankfurter Rundschau, 13.12.2000, S. 34.

[83] »Jetzt wissen wir, woran wir sind« Gespräch mit Salomon Korn, Allgemeine Jüdische Wochenzeitung, 21. Dezember 2000, S.1.

[84] Zitiert nach Werner Kolhoff: Süssmuth, Friedman und die Medien, Berliner Zeitung, 21.2.2000.

Andreas Speit

Jargon der Tabubrecher
Norman G. Finkelsteins Rezeption in der
Jungen Freiheit

Panorama

Selten harmonisieren die Meinungen der extremen Rechten in der Bundesrepublik Deutschland, und selten applaudieren sie den gleichen Persönlichkeiten. Doch die Extreme Rechte, von den militanten Neonazis bis zu den intellektuellen Rechtsextremen, feiert unisono Norman G. Finkelstein als »Tabubrecher«.[1] Kaum hatte der Piper Verlag die deutsche Übersetzung von Norman G. Finkelsteins »The Holocaust Industry. Reflections on the Exploitation of Jewish Suffering« verlegt,[2] erschien dessen Buch auf Platz 1 ihrer Bestsellerlisten[3].

Auf den Websites und in den Publikation dieses politischen Spektrums begann gleichzeitig die Rezeption. Die militanten Freien Nationalisten empfehlen auf ihrer Website des *Störtebeker* die »Buchsensation des Jahres« und merken an, »wären wir Antisemiten, was wir natürlich nicht sind, so könnte angesichts (des) Streites der Gedanke kommen, daß Juden unter sich die übelsten Konkurrenten und Neidhammel sind, die man eigentlich nur zusammenhalten kann, indem man ihnen weismacht, alle Welt wäre ihre Feinde«.[4]

Nicht minder süffisant würdigen *die kommenden* aus dem Neonazi-Netzwerk der Freien Nationalisten Finkelstein: »Norman Finkelstein ist Jude«, und seiner Ansicht nach wird der »Holocaust dazu genutzt, Europa und vor allem Deutschland gnadenlos auszubeuten«. Hätte dies ein Deutscher geschrieben, so wäre er sich »einer bis zu zehnjährigen Haftstrafe wegen Volksverhetzung« aufgrund »durch die Maulkorbgesetze geschaffener Straftaten absolut sicher.«[5] Ihrer Klientel entsprechend, werben sie auch damit, daß »der Besitz nicht strafbar (ist): Kaufen Sie dieses Buch!«.[6] Die Neonazis des *Nationalen Infotelefon* führen aus, daß »Or-

Jargon der Tabubrecher 155

ganisationen wie der ›World Jewish Congress‹ (WJC) oder die ›Jewish Claims Conference‹ (JCC) die Gelder dazu nutzen (würden), sich selbst zu bereichern«, und betonen, die »Aussagen stammen von Norman Finkelstein«.[7] Um straffrei zu bleiben, weisen sie – ohne es offen zu benennen – ihr Publikum an, Aussagen zu Entschädigungszahlungen in Deutschland nun mit dem Verweis auf Finkelstein zu präsentieren.[8]

Ohne Anweisungen greift die *Deutsche Stimme* (DS) »Professor Norman Finkelstein« auf. In der Monatszeitung der Nationaldemokratischen Partei Deutschland (NPD) heißt es schon vor der Veröffentlichung der deutschsprachigen Ausgabe von »The Holocaust Industry«, »seit geraumer Zeit löst sein Name Entsetzen und Betroffenheit bei Vertretern jüdischer Organisationen aus. Professor Norman Finkelstein (...) rechnet mit dem ab, was er überspitzt ›Shoa-Business‹ nennt. Besonders nimmt (er) die JCC ins Visier«.[9] Auch die Neofaschisten der Deutschen Nationalzeitung (DNZ) greifen Finkelsteins Anwurf auf. »Ein erpresserisches Geschäft« titelt die Wochenzeitung aus dem Hause der Deutschen Volksunion (DVU)[10] und »Kampf um Finkelstein-Buch. Platzt der Holocaust-Betrug?«[11]. Ausführlich referieren sie »Finkelsteins Abrechnung mit der Holocaust-Industrie« und kommentieren versteckt, daß sie schon immer auf die regelmäßig erhobenen »unverhältnismäßigen Wiedergutmachungsleistungen gegen Deutschland« hingewiesen haben, und honorieren Finkelstein als »Ritter ohne Furcht und Tadel«.[12]

Was der sogenannten »Alten Rechten« billig ist, ist der angeblich »Neuen Rechten« im allgemeinen nicht recht. Möchten doch die Intellektuellen der Extremen Rechten eine klare Grenze zwischen einer »demokratischen« und einer »radikalen Rechten« ziehen.[13] Aber Ausnahmen bestätigen die Regeln. Denn auch die Intellektuellen der Extremen Rechten hofieren Finkelstein nicht nur und würdigen sein Buch, sondern loben auch dieselben Aussagen und liebäugeln mit ähnlichen Umschreibungen. »Finkelstein hat in ein Wespennetz gestochen«, resümiert Fritz Stenzel in *Nation und Europa*. Nie hätten deutsche Politiker »auch nur den Versuch gemacht, die Verwendung der Entschädigungszahlungen effektiv zu kontrollieren. Finkelstein hat nachgerechnet«. In Deutschland führten solche Überlegungen »schnurstracks ins Gefängnis (...). Hierzulande hat man bekanntlich die Strafrichter mit der Geschichtsschreibung betraut«.[14] Zustimmung für »Finkelsteins Thesen« kommt auch von der Deutschlandbewegung. Auf der Website des Zirkels um Alfred Mechtersheimer geben sie seine These wieder, »nach der jüdische Eliten in den USA das während des Dritten Reichs erfahrene Leid der Juden für Entschädigungsforderungen instrumentalisieren«, und stellen die vom Meinungsforschungsinstitut Emnid durchgeführte Erhebung zu Finkelsteins Thesen dar, nach der 15 Prozent der Befragten ohne Einschränkungen und weitere 50 Prozent mit Abstrichen Finkelsteins Meinungen teilen würden, während 24 Prozent die Thesen für falsch hielten.[15] Die Instrumentalisierung des Holocaust durch »amerikanische Juden«, die die »Erinnerung an den Holocaust ›künstlich schafften‹, um damit nach innenpolitischer Macht zu streben«, betont *Signal*. Die Autoren des zweimonatlich erscheinenden »patriotischen Magazins« greifen auch Finkelsteins »Zweifel an der Zahl der Holocaust-Opfer« auf.[16]

Die auflagenstärkste Zeitschrift der »Neuen Rechten«, die *Junge Freiheit* (JF)[17], erfreut der »Tabubruch« in der »Mitte der Gesellschaft« nicht minder.[18] Den Heroismus lobend, führt Ivan Denes in der Wochenzeitung aus: »Dem New Yorker Professor Norman Finkelstein (...) gebührt die Anerkennung, eines der Antifa-Kulttabus gebrochen (...) zu haben.«[19] Gänzlich dem Charisma des Tabubrechers erlegen, beschreibt Hans-Jörg von Jena den »Grübler Norman G. Finkelstein« als einen »amerikanischen Historiker«, der »kein geschmeidiger Mitspieler in der Spaßgesellschaft, kein Klettermaxe auf der akademischen Karriereleiter« sei. Statt ins Horn politisch korrekter Vorurteile zu stoßen und den oberflächlichen Mainstream zu verstärken, würde Finkelstein »den Dingen auf den Grund« gehen.[20]

Mit dem Jargon des Tabubrechers verstärken die Autoren der JF vor allem latente antisemitische Ressentiments, die auch »neurechten« Theoremen immanent sind. Indem Abwehrreaktionen und Entlastungsstrategien wie bei der »neurechten« Suche nach der »selbstbewußten Nation« und der Rückkehr zur »geschichtlichen Normalität« hervortreten,[21] artikulieren sie gleichzeitig antijüdische Ressentiments. In diesem Prozeß rekonstruieren sie den primären Antisemitismus im sekundären und formulieren parallel spezifische sekundäre Ressentiments, die zur Rationalisierung der Abwehr von Erinnern und Entschädigen dienen. Die Schuld am Holocaust und hieraus resultierende Schuldgefühle projizieren sie dabei auf »die Juden«. Tauchte vor Finkelstein nur versteckt »die Macht der Opfer« (Lars Rensmann)[22] in dem Zentralorgan der »Neuen Rechten« auf, erscheint jetzt offen das »Gespenst der Macht« (Leo Löwenthal)[23].

Junge Freiheit – Das Konzept und seine Veränderung

»Was waren wir?« fragt Dieter Stein, Chefredakteur der JF, im Oktober 1999 und antwortet sogleich: »Eine Handvoll junger Idealisten. Wir hatten eine fixe Idee, aber kein Geld. Wir hatten Visionen, aber keine Sicherheit.« Dem sei noch immer so, sie »wollen Deutschland verändern« und sich für »diese Gemeinschaft, unser Volk einsetzen«[24].

Im Jahr 2001 kann die »Wochenzeitung für Politik und Kultur« ihr 15-jähriges Bestehen feiern. Das wöchentlich in Berlin erscheinende Zentralorgan der »Neuen Rechten« erfreut sich großer Beliebtheit bei den »neurechten« Akteuren, die sich als ein Ensemble von »rechten Intellektuellen« präsentieren und über Publikationen, Gesprächskreise, Vereine und Stiftungen organisiert sind. Statt der rechten Parteipolitik widmen sie sich der »Kulturrevolution von rechts« (Alain de Benoist), deren Programm die Uminterpretation und Diffamierung von kulturellen Werten und politischen Begriffen ist, um durch kulturelle Hegemonie politische Autorität zu etablieren.[25]

Als Anfang Januar 2001 die Geschäftsführung der Deutschen Postbank AG dem JF-Verlag GmbH & Co das Konto kündigen wollte, da es sich um eine »extreme Organisation« handle, offenbarte sich exemplarisch das Standing der JF in der diskursiven Öffentlichkeit. Die Zeitung lancierte einen »Appell für die Pressefreiheit«, um gegen die Postbank vorzugehen, den zirka 1350 Personen aus Wirtschaft, Wissenschaft, Militär, Medien und Politik unterzeichneten.[26] Die Postbank nahm die Kündigung zurück.[27]

So sehr die »konservative Wochenzeitung aus Berlin« (Selbstbezeichnung der Redaktion) organisatorisch und politisch mit der aktuellen Extremen Rechten verflochten ist[28], so sehr beziehen sich ihre ideologischen und theoretischen Konzepte auf die über zwei Jahrhunderte alten »Mythen der Rechten« (Jost Müller) – Volk, Rasse und Kultur –, wie sie die Repräsentanten der Konservativen Revolution aufbereiteten. Mit dem Rekurs auf die Konservative Revolution revitalisieren die Redakteure und Autoren der JF eine bis 1990 in der Bundesrepublik kaum beachtete Tradition einer antihumanistischen und anti-emanzipatorischen Rechten der Wilheminischen und Weimarer Zeit. Bewußt wird eine Trennlinie zwischen den von ihnen verehrten Konservativen Revolutionären – zu denen

Arthur Moeller van den Bruck, Carl Schmitt, Oswald Spengler, Ernst Niekisch und Ernst Jünger gezählt werden[29] – und den Nationalsozialisten gezogen, um sie von jeglicher Beteiligung an der ideologischen und kulturellen Etablierung des Nationalsozialismus reinzuwaschen. Die »Neuen Rechten« möchten so sinnstiftend eine ideologische Alternative und identitätsstiftend eine normalisierte Historie offerieren.

Vor diesem Background versuchen die Autoren der JF zu aktuellen politischen und kulturellen Themen rechte Argumentationszusammenhänge zu konzipieren. Für ihr Geschichtsbild bedeutet dies, daß sie eine Geschichtslosigkeit durch die »Reeducation des Volkes« im Sinne des westlich/amerikanischen Lifestyle und die »Integration der Nation« in die westlich/demokratische Politik nach 1945 sowie die »nationale Selbstverachtung« und den »negativen Nationalismus« der Intellektuellen und Politiker beklagen. Ihr Kampf um das Gedenken und Erinnern impliziert eine Neuinterpretation der deutschen Geschichte im allgemeinen und eine Relativierung der nationalsozialistischen Vergangenheit im besonderen. Eine offene Debatte um das wahre Erinnern und das rechte Gedenken werde allerdings durch eine allgegenwärtige »Political Correctnes« blockiert, die in Medien und Politik eine Kritik an der Mainstream-Interpretation der deutschen Historie tabuisiere.

Primärer Antisemitismus erscheint in diesem Kontext jedoch als nicht opportun, möchte sich die Redaktion doch nicht wie die Autoren der *Deutschen Nationalzeitung* präsentieren. Nicht die Negation von Auschwitz, sondern die Neuinterpretation und Relativierung der Historie dominieren in der Wochenzeitung. Vielleicht bestimmt aber auch Ernst Jüngers Position von der »Überschätzung des Juden, wie sie sich im modernen Antisemitismus andeute,« ihr Handeln. Der »Genüßling des Barbarismus« (Thomas Mann) sieht in »den Juden« keine satisfaktionsfähigen Gegner, denn selbst »wenn sie tausend Jahre arbeiten würden, nicht eine einzige Strophe im Geiste Hölderlins ihnen gelänge«.[30]

Anfang der 90er Jahre präsentierte aber auch die JF ihrer Leserschaft die »Auschwitzlüge«. Unter Einnahme eines scheinbar objektiven Standpunktes titelte sie: »Kontroverse um den ›Leuchter-Report‹.« Der britische Holocaustleugner David Irving durfte das pseudowissenschaftliche Pamphlet des US-Bürger Fred Leuchter rechtfertigen: »Die wissenschaftliche Methode ist unanfechtbar. Leuchter ist ein neutraler, unbestechlicher Diplomingenieur und US-Fachmann für Hinrichtungsverfahren.«[31] Nur die letzte Angabe stimmte; Leuchter war weder Diplomingenieur, noch hatten seine Methoden vor Gericht Bestand. Um juristischen Konsequenzen vorzubeugen, gab die JF nur die Diskussion um die Leugnung des Holocaust wieder. Dafür monierte der JF-Autor und Rechtsanwalt Klaus Kunze, wer »behauptet, es seien nicht sechs, sondern höchstens 1,5 Millionen Juden umgebracht worden, sieht sich zu seinem Erstaunen strafrechtlicher Verfolgung ausgesetzt«.[32]

Nach einem internen Disput kündigte Stein in diesem Zusammenhang einigen Autoren wie Armin Mohler die Zusammenarbeit auf, und das Blatt grenzte sich von den Negationisten ab.[33] Die Redaktion befürchtete, daß solche Positionen ihrem angestrebten Image, als »rechte Querdenker« zu gelten und in der »Mitte der Gesellschaft« als reputierlich zu erscheinen, schaden könnten. Drei strategische Optionen prägen seitdem das Profil der JF: erstens, einen »rechten Meinungspluralismus« anzubieten, um die »rechte Meinung« zu entwickeln; zweitens, auf »nicht-rechte Autoren« zuzugehen, um durch sie gesellschaftlich akzeptabler zu werden, und drittens, expliziter Antisemitismus solle tabu sein.

Doch im Diskurs über Norman Finkelsteins »Tabubruch« bricht auch das Tabu der JF. Die Autoren dynamisieren im Zuge ihrer Finkelstein-Rezeption den latenten sekundären Antisemitismus. Der »Extremismus der Mitte« annulliert deshalb nicht nur das »bundesdeutsche Selbstverständnis« der »Bonner Republik«, sondern radikalisiert zugleich das Eigenbild der »Extremisten der Rechten«. Das Aufeinanderzugehen und Aufeinanderwirken »der Mitte« und »der Rechten« impliziert aber auch, daß die »Rechte« weiter gehen muß, will sie doch den Rechtstrend vorantreiben und das eigene Profil wahren.[34] Für diesen Vorgang ist gerade die JF ein besonders zuverlässiger Indikator, ist sie doch wie keine andere Zeitung dieses Spektrums aufgrund ihres skizzierten strategischen Konzepts an der »politischen Mitte« ausgerichtet.

Finkelstein – Das Aufgreifen seiner Positionen und deren Weiterentwicklung

Der Leserschaft der JF war Finkelstein kein Unbekannter. Bereits bei der Debatte um das Erinnern an den Holocaust, ausgehend von Daniel

Goldhagens »Hitlers willige Vollstrecker«[35], zog Werner Olles 1997 Finkelsteins Text aus der britischen *New Left Review* für seine Kritik an Goldhagen heran. Der »amerikanische Politologe«, »dessen Eltern selbst in Warschauer Ghetto, in Mai-danek (Fehler im Original; d. Verf.) und Auschwitz waren«, hätte das »Goldhagen-Buch einer akribischen Analyse und vernichtenden Kritik« unterzogen. Mit der Erwähnung der Vita funktionalisiert Olles Finkelstein zum »jüdischen Kronzeugen« gegen den »Juden« Goldhagen, dem »Lieblingsstar des linksliberalen Ostküsten-Establishments«.[36] Er greift damit auf eine originäre Methode Finkelsteins selbst zurück, denn auch dieser kritisiert zum Beispiel mit Hinweis auf »Vater und Mutter«, »die amerikanischen Juden« hätten »die Massenvernichtung der Juden durch die Nazis ›entdeckt(en)‹« und eine »Holocaust-Industrie« entwickelt.[37]

Olles läßt alleine Finkelstein reden, der in »Hitlers willige Verstrecker« »massenhaft ›Verdrehungen, Mißdeutungen (...) und absurden Erklärungsmischmasch‹« entdeckte und es als »»nutzloses Buch‹« bezeichnete. Originalton Finkelstein/Olles: »Es ist einfach Betrug.« Diese Kritik hätte Finkelstein eine »Menge Feinde (aus dem) linksliberalen Ostküsten-Establishment« eingebracht, betont Olles und ruft das antisemitische Ressentiment der »geheimen und verschwörerischen jüdischen Macht« an. Hoffnungsvoll verkündet er, »Finkelsteins Richtigstellungen« dürften gewiß dazu beitragen, »daß manche junge Historiker die Zeit vor 1945 doch etwas vielschichtiger wahrnehmen, als es ihre Tiefkühlinquisition bislang zuließ«. Dies solle auch die »Normalisierung deutscher Geschichtsdebatten« ermöglichen.[38]

Klingt schon 1997 das Motiv des »mutigen vielschichtigen Erlösers« – des »Tabubrechers« – an, tönt es 2000 um so lauter. Neben dem Thema Erinnerungsdebatte erscheint als neues die Entschädigungsdiskussion. Vor allem Ivan Denes schlägt für die JF die Töne an.[39] Er operiert dabei mit dem Hinweis, gebürtiger Temesvarer (Rumänien) sowie Sohn einer jüdischbürgerlichen Familie zu sein und unter den Kommunisten rund sechs Jahre in politischer Haft verbracht zu haben, um Kritik u.a. als »antisemitisch« abwehren zu können.[40] Schon vor der Finkelstein-Debatte setzte sich der ehemalige *Welt*-Mitarbeiter und jetzige Inhaber der Ost-West-Nachrichtenagentur (WOMA)[41] mit der »Schuld« und den »Schulden der Bundesrepublik« auseinander, wobei er bereits antisemitische Ressentiments ansprach. »Als Angehöriger jener Generation von ›kalten Kriegern‹«

lehne er das »Prinzip der ›kollektiven Verantwortung‹, der Sippenhaft« ab. Dies gelte für Europäer im allgemeinen und für Deutsche im besonderen. Konkret malt er mit Bezug auf Ignatz Bubis immer wiederkehrende steigende Ansprüche der Juden an die Wand.[42] Die »Macht der Opfer« beklagt Denes regelmäßig in der JF.[43] Ausführlich schildert er zum Beispiel in »Macht in der Macht: Wer und Was ist die ›Ostküste‹ des Dr. Helmut Kohl?« den vermeintlichen Einfluß der jüdischen Organisationen in den USA.[44]

Die JF empfiehlt das »Dossier« mit dem Hinweis auf »Finkelsteins publizistische Attacke« und der Bemerkung, »wie wenig über diese ›private Weltmacht‹ hierzulande bekannt« sei.[45] Vor der Kontroverse fanden sich solche Schriften über den vermeintlichen Einfluß der Juden auf das Weltgeschehen im Buchdienst der DNZ,[46] jetzt kann auch beim JF-Buchdienst ein Dossier »über die Organisationen, die als treibende Kraft hinter den neuen Reperationsforderungen gegen Deutschland stehen,« bestellt werden.[47]

Exemplarisch reproduziert Denes schon vor seiner Finkelstein-Rezeption die Ideologie des sekundären Antisemitismus.[48] Doch verbleibt er bei seinen Ausführungen zur »Rechtsgrundlage vieler Ansprüche an die Bundesrepublik«, die von WJC, dem Wiesenthal-Zentrum, dem American Jewish Committee (AJC) und der Anti-Defamation League (ADL) vorgetragen werden, noch auf der Ebene des Deskribierens. Selten erscheint assoziativ der »rach- und raffsüchtige Jude«.[49] Im Kontext der Finkelstein-Kontroverse allerdings manifestiert sich dann der Antisemitismus in der JF; vor allem, weil die Redaktion dem Thema mehr Platz einräumt und weil die Autoren den Tenor verschärfen.

Ausgehend von Finkelsteins Behauptungen im Interview mit der *Berliner Zeitung* vom 29.1.2001 rechnet Denes die Zahl der noch »lebenden Sklavenarbeiter, die in die gegenwärtig laufenden Verhandlungen eingebracht wurden,« nach und gibt Finkelsteins Bilanz – »de facto können es nicht mehr als 20.000 sein« – wieder. Mit dessen Worten greift er nun auch den WJC und die JCC an, »die über lange Jahre hinweg deutsche Zahlungen, die zur Linderung der Not der überlebenden Holocaust-Opfer geleistet wurden, zweckentfremdet« hätten. Ebenso führt er dessen Vorwurf an, die JCC versuche ehemaliges jüdisches Grundstücksvermögen in Mitteldeutschland zu beanspruchen, und greift die Behauptung auf, die jüdische Verhandlungsstrategie sei »im Falle der Schweizer Banken ausprobiert« worden. (Ganz nebenbei stellt er auch die deutschen Grenzen – Mitteldeutschland! – in Frage.) Nicht zuletzt findet er noch in Ergänzung zu Finkelstein »klare Worte« für die jüdische Interessenvertretung: »Schließlich brachen die Schweizer Banken ein, sie zahlten 1,25 Milliarden Dollar plus Zins, und um den Knochen hat sich ein knurrender raufender Knäuel von Anwälten, Organisationen (...) gebildet.«[50]

In dem Artikel artikuliert Denes neben diesem Ressentiment ein weiteres, indem er Finkelsteins Kritik an der »Holocaust-Industrie« referiert. Mit Berufung auf Finkelsteins und Ruth Bettina Birns gemeinsame Publikation »Eine Nation auf dem Prüfstand« hebt er hervor, daß »unsere gegenwärtige Interpretation des Holocaust von amerikanischen Juden absichtlich konzipiert worden« sei, »mit dem Zweck ethnischer Vorherrschaft, politischen und finanziellen Vorteils«.

Offensichtlich wohl wissend, daß er das Ressentiment der »jüdischen Weltherrschaftsbestrebungen« reproduziert, zitiert er quasi als Alibi wiederum Finkelstein. Seit den späten sechziger Jahren habe sich eine »Art Holocaust-Industrie entwickelt, die aus dem Nazi-Holocaust einen Kult« mache; ihr Zweck sei »ethnische Bereicherung (aggrandizement) – insbesondere, um Kritik vom Staat Israel abzuwenden und Kritik der Juden allgemein«.[51]

»Wer zählt die Opfer«, fragt Denes zudem in einer Kolumne rhetorisch und antwortet, dies sei »überwiegend jüdischen Intellektuellen und Journalisten« vorbehalten. Er würde sich nicht erdreisten, auszusagen, die »JCC würde im Namen der Holocaust-Opfer einen heftigen Reibach zu machen – den wievielten wohl?«. Um so glücklicher sei er, daß Finkelstein die »Claims Conference (CC) in(s) jüdische Kreuzfeuer« nehme.[52]

Entsprechend kritisch vermeldet dieser Geschichtsdeuter dann später, daß »der Bundestag mit großer Mehrheit das Gesetz zur Gründung der Stiftung ›Erinnerung, Verantwortung und Zukunft‹ beschlossen habe, obwohl »jeder Abgeordnete spätestens seit Norman Finkelstein« wissen müsse, »daß die Summen nicht seriös« seien. Es herrsche jedoch ein »moralisch korrekter Konsens zugunsten einer milliardenschweren Unwahrheit zu Lasten des Steuerzahlers«.[53]

Dient Finkelstein ihm hier schon als historischer Gewährsmann, so erst recht in einer Rezension zu »The Holocaust Industry«. Neben der Wiederholung der Unterstellung, die CC habe »deutsche Gelder zweckentfremdet«, führt Denes an, Finkelstein sei »selbst Kind von Eltern, die

Jargon der Tabubrecher

Ghettos und KZs, Majdanek und Auschwitz überlebt haben«. Voll des Lobes betont er zudem die wissenschaftliche Akribie, mit der der Autor sein Thema weiterentwickelt habe. Dabei sei er »weniger an dem Aspekt des zeitgeschichtlichen Vorgangs interessiert«, vielmehr untersuche er, »wie der Holocaust von amerikanisch-jüdischen Organisationen nach Europa reexportiert wurde, zwecks moralischer und letztendlich ökonomischer Erpressung (...) zur Bereicherung der großen Verbände und Organisationen«. Das Ressentiment des »raffenden Juden« taucht vollends auf, wenn Denes en détail eine Auflistung der Honorare von »professionellen ›Holocaustlern‹« wie Elie Wiesel oder Saul Kagan wiedergibt.

Außer »gefälschten Zahlen, Veruntreuungen« hebt er nicht zuletzt Finkelsteins Kritik an der Darstellung des Holocaust als singulärem geschichtlichem Verbrechen hervor. Explizit wage sich dieser in jene Zonen vor, die nach deutschem Recht strafrechtlich erfaßt seien, wenn er schreibe, daß es mit der »vielbeschworenen ›Singularität‹ angesichts der davor und der danach begangenen Völkermorde nichts auf sich« habe. Ohne es selbst so auszusprechen, schließt sich der JF-Autor Finkelsteins Holocaust-Interpretation an und nutzt ihn als Sprachrohr, wenn er ihn indirekt reden läßt: »Die Betonung der ›Einmaligkeit‹ solle nur die privilegierte politische und ökonomische Position der jüdischen Verbände zementieren.«[54]

Die von Denes entworfenen Positionen, inklusive der Ressentiments aus dem Fundus des primären und sekundären Antisemitismus, finden sich in den unterschiedlichsten Texten der verschiedensten Autoren wieder. Kurz vermeldet die Redaktion zwar in einer Ausgabe, daß sowohl die »Praktiken« der Jewish Claims Conference als auch die Fakten umstritten seien[55], aber im selben Heft stellt Alexander Schmidt den Kronzeugen des Blattes erneut ausführlich vor. Er bringt Finkelsteins Thesen bei »der Schlacht um die Zwangsarbeiterentschädigung« auf den publikumswirksamen Punkt, die JCC würde »jetzt mit krass nach oben manipulierten Zahlen den Kreis Anspruchsberechtigter ausweiten«, um »astronomisch hohe Beträge zu erpressen, die erneut in den eigenen oder den Kassen ihrer Krokodilsanwälte verschwinden« würden. Auch die Goldhagen-»Kritik« greift er noch einmal auf. Nur Finkelstein, mit der »Aura der Opfer«, hätte die »dogmatische ›Einzigartigkeit‹ des ›Judäozid‹ als Symptom eines ›absoluten Deliriums‹ anglojüdischer ›Holocaust-Ideologen‹ geißeln« können. Schmidt sieht seine Aufgabe offensichtlich darin, solche »Tabubrüche« einfach zu wiederholen und die »wissenschaftlich-moralische Integrität des

Tabubrechers« zu beteuern.[56] Er selbst hätte sie auch nicht nur halbwegs so wirksam formulieren können.

In den Finkelstein-Diskurs greifen aber noch andere Autoren der JF ein. »Die Finkelstein-Kontroverse«, meldet die Redaktion, offenbart »einmal mehr den provinziell-autistischen ›Germanozentrismus‹ (Ernst Nolte) der bundesdeutschen Zeitgeschichtsforschung«.[57] Unter dem Titel »Private Weltmacht« moniert Irene Casparius angebliche »Forschungsdefizite in der Geschichte des deutsch-jüdischen Verhältnisses« und beklagt, daß der gesamte Komplex der »›Entschädigungsfrage‹ fast vollständig anglojüdischen Kollegen wie Peter Novick und Norman Finkelstein überlassen« werde.[58]

Peter Sichrovsky setzt sich indes mit Aspekten der Kritik an Finkelstein auseinander. Jedoch überprüft der Europaabgeordnete der Freiheitlichen Partei Österreich (FPÖ) und Vorsitzende des orthodoxen Bundes Gesetzestreuer Jüdischer Gemeinden in Deutschland nicht die Substanz von Finkelsteins Thesen, sondern greift die Kritiker pauschal an. Die »Antisemitismus-Keule« würde geschwungen und Finkelstein als ein »jüdischer Antisemit«, der dem »jüdischen Selbsthaß« erlegen sei, bezeichnet. Dort, wo wissenschaftliche Kritik erfolgt, sieht er ein »Zerreden«. »Wie böse also so ein Jude sein kann«, gibt sich Sichrovsky ironisch und spielt damit auf Kritiker an, die Finkelstein vorwerfen, mit seinen Thesen »Wasser auf die Mühlen der Antisemiten« zu gießen. Dabei seien die »Spezialisten für den Haß gegen Juden meistens Nicht-Juden, die selbst aus Familien von ehemaligen Nazis kommen«. Dieser versteckte Antisemitismusvorwurf ist direkt mit einem Zensurvorwurf verbunden. Denn »eine selbst ernannte Elite möchte entscheiden, was die Deutschen lesen dürfen«, kommentiert er in populistischer Form die Kritik an der Veröffentlichung der deutschsprachigen Ausgabe. »Diese typische deutsche Überheblichkeit der ›Intelligenz‹ gegen die ›Dummen‹ dort unten am Stammtisch« sei einer der »schrecklichen deutschen Fehler in der demokratischen Entwicklung dieses Landes«.[59] Was so demokratisch klingt, ist doch nur die alte Melodie des »Haider-Juden« (Ignatz Bubis): fundamentale Kritik an der sogenannten »Political Correctnes« und dem »Antifa-Komplex«.[60] Ganz offen hingegen erhebt Denes einen Antisemitismusvorwurf, indem er einfach nur Finkelstein zitiert: »Das Wissen der Welt über den Horror, den die Juden erleben mußten, reicht aus, um zu lernen. Jede Lüge und jede Bereicherung (...) führt zu neuem Haß.« Zwischen den Zeilen kann das antisemitische Stereotyp, »die Juden« riefen durch ihr Verhalten selbst Ressentiments hervor, in fast allen Artikeln und Kommentaren der JF gelesen werden.[61] Kein Autor widerspricht diesem zwischen primärem und sekundärem Antisemitismus changierenden Ressentiment. Intern werden die Reflexionen und Kommentierungen der eigenen Autoren nicht debattiert. Ein kritischer Disput, in dem Argumente und Positionen hinterfragt und gegebenenfalls verändert werden, findet in der JF nicht statt.

Wenige Differenzen und viele Affinitäten

Ein fundamentaler Widerspruch zur »Holocaust-Industrie« wird von den Autoren der JF nicht formuliert und ein kritischer Einspruch gegen Finkelstein von den Repräsentanten der »Neuen Rechten« nicht erhoben. Was sollten sie auch kritisieren. Seine Sentenzen und Fragmente entsprechen ihrer Argumentation. Finkelsteins Plädoyer für eine Historisierung des Holocaust kollidiert nicht mit »neurechten« Appellen für eine Normalisierung der Historie, sondern entspricht ihnen. Denn nicht die Negation von Auschwitz, sondern die Relativierung durch Neuinterpretation des Holocaust ist ja ihr Thema. So kann dann Stein als Chefredakteur gelassen resümieren: »Wer (...) einen ›Freispruch für Deutschland‹ oder die Entlastung des Hitler-Regimes vom Makel des Völkermordes erwartet, dem wird auch mit Finkelsteins Buch nicht zu helfen sein. Denn es stellt nicht das schändliche Verbrechen infrage, sondern prangert dessen unmoralische wirtschaftliche Ausbeutung an.«[62] Finkelsteins Pamphlet wird so zur Bestätigung der geschichtspolitischen Konzeption der »Neuen Rechten«. Doch er öffnet auch neuen Raum, zum Beispiel mit Sentenzen wie: »Meine Motivation, die JCC bloßzustellen und das Buch ›The Holocaust-Industry‹ zu schreiben ist, diese Maschine zu stoppen. Die JCC und der Jüdische Weltkongreß haben das moralische Gewicht der Leiden meiner Eltern auf ein Monte-Cassino-Niveau geschrumpft. Sie mißbrauchen den guten Willen der Deutschen (...) Mit ihren skrupellosen gemeinen Erpressungstaktiken sind diese Organisationen die wichtigsten Förderer des Antisemitismus geworden. Mit der neuerlichen absurden Behauptung, hunderttausend Juden hätten die KZs überlebt, sind sie ebenso die größten Holocaust-Leugner der Welt.«[63] Formulierten die Autoren der JF nach ihrem »Auschwitz-Konflikt« solche Positionen und Kritiken moderater, präsentieren sie sich nun mit Rückendeckung von derlei Tiraden aggressiver. Via Finkelstein manifestiert sich deshalb der Antisemitismus der »Neuen Rechten«: mal durch eine direkte Aussage, mal durch eine indirekte Ausführung, mal durch das Abrufen von Assoziationen.

Die auftauchende Differenz, daß Finkelstein im Namen der Opfer des Holocaust reden will, von denen die »Neuen Rechten« sonst schweigen – es sei denn, sie wären nicht-jüdische Vertriebene –, hebt die Affinitäten nicht auf. Das in der JF zitierte Interesse an den Opfern des Holocaust bedingt keine radikale Reflexion ihrer Positionen im Entschädigungs- und Erinnerungsdiskurs. Es ist vielmehr ein Aspekt ihrer diskursiven Mimikry. Ein weiterer ist, daß sie einen angeblichen Zensurwunsch der Kritiker mit »antisemitischen Stereotypen« verschränken. Hatte Sichrovsky bereits versucht, Finkelstein mit seinem Antisemitismus-Vorwurf an die Kritiker in Schutz zu nehmen, wiederholt Stein diesen und erweitert ihn. Namentlich geht er dabei auf Peter Steinbach ein, wenn er ausführt, daß es »gerade ein antisemitisches Stereotyp« sei, »Kritik an jüdischen Organisationen nicht publizieren« lassen zu wollen. Nicht erwähnt, aber doch gemeint sind auch Paul Spiegel und Salomon Korn.[64] Zwar fordern weder der Präsident noch das Präsidiumsmitglied des Zentralrats der Juden in Deutschland ein Verbot, doch Stein führt nur diese Unterstellung bei der Zusammenfassung der Kritik an.[65] Er verschweigt, daß Spiegel die Veröffentlichung im Kontext des erstarkenden Antisemitismus und Neofaschismus in Deutschland kritisiert und daß Korn diskutiert, ob denn das Recht der freien Meinungsäußerung in diesem Fall höher als die Sorge über die Folgen zu stellen sei, wenn der Verlag wisse, daß es ein »spekulatives Buch« sei, das zudem Erwartungen auf »antisemitische Stereotypen« bediene.[66]

Ebenso unerwähnt läßt Stein, daß nicht Finkelsteins Thema, sondern sein Tenor problematisiert wird. Die pauschalen Formulierungen von »den Epressermethoden der Holocaust-Industrie« und den absoluten Thesen von der Instrumentalisierung und Dogmatisierung des Holocaust durch »die jüdischen Organisationen« »entmystifizieren und enttabuisieren« nicht, wie er beteuert, sondern rekonstruieren und verstärken antisemitische Ressentiments. Die »Enttabuisierung« der Vergangenheit bedingt die Annullierung der »Grenzen dessen, was nicht tolerierbar« sein sollte.[67]

Die Rezeptionspraxis der JF selbst bestätigt die Befürchtungen, die von Salomon Korn und Paul Spiegel so eindrücklich formuliert wurden. Kein Autor dieser Zeitschrift analysiert oder kritisiert Finkelsteins Daten und

Interpretationen, sie repetieren und zitieren. Auf den Kontext der Publikation gehen sie nur ein, um sie zu rechtfertigen und zu schützen. Ganz einfach macht es sich etwa Hans-Jörg von Jena mit der Bemerkung, niemand könne Finkelstein »antisemitische Vorurteile unterstellen«, schließlich sei er »selber Jude«.[68] Die größte Sorge von Redaktion und Autorenschaft war jedoch, daß »kein namhafter Verleger« zu finden sei, »der zum Tabubruch so entschlossen ist wie dieser Autor«.[69] Diese Befürchtung hat der Piper-Verlag ausgeräumt.

Erneut ist es den »Neuen Rechten« deshalb möglich, einen Diskurs aus der »Mitte der Gesellschaft« aufzugreifen und für ihre Zwecke zu nutzen. Müssen sie sich sonst bemühen, in die Mitte zu wirken, können sie nun die Mitte selbst wirken lassen. Als am 11. Oktober 1998 Martin Walser in seiner Dankesrede für den Friedenspreis des Deutschen Buchhandels »zitternd vor Kühnheit« über einen »negativen Nationalismus« und eine angebliche Instrumentalisierung von Auschwitz lamentierte, bot sich für die »Neuen Rechten« bereits diese Option. »Ein ganz normales Volk« titelte die JF sofort und zitierte Walsers Passagen zu der »Dauerpräsentation unserer Schande« und der »Drohroutine« Auschwitz«, jederzeit einsetzbar als »Einschüchterungsmittel oder Moralkeule«, auf der ersten Seite.[70] Schnell würdigten sie den »großen deutschen Dichter der Gegenwart« als »Tabubrecher«.[71] Walser erfuhr damals eine nicht minder breite Rezeption in der Extremen Rechten wie Finkelstein heute. Die »Alte« und »Neue Rechte« sympathisierten mit dem Literaten der Mitte.[72]

Im »Jargon der Einheit« (Detlev Claussen) sind die Themen der Mitte längst die Themen der Rechten. Die diskursive Macht der »Neuen Rechten« resultierte schon vor Finkelstein weniger aus dem Lancieren ihrer rechten Mythen in öffentliche Diskurse als vielmehr aus dem Insistieren auf unterschiedliche Diskurse. Mögen die Intellektuellen der Extremen Rechten früher den Theoretikern des »Extremismus der Mitte« durch diskursive Wirkungszusammenhänge als Stichwortgeber und Alibibeschaffer dienlich gewesen sein, so können sich die »Neuen Rechten« heute immer mehr der »Mitte« bedienen. Der aggressiver artikulierte sekundäre Antisemitismus der Jungen Freiheit via Finkelstein ist - nur - ein Effekt dieses Diskurses, bei dem das Latente manifest wird; erst mit Finkelstein, um reputierlich und akzeptabel zu erscheinen, und dann vielleicht bald ohne ihn, wenn das »Gespenst der Macht« enttabuisiert durch die »Mitte der Gesellschaft« geistert.

Anmerkungen

1 www.störtebeker.net: 28.02.2001: Tabubrecher »Die Holocaust-Industrie« erscheint. Keine Beachtung finden Publikationen und Zirkel aus dem revanchistischen Spektrum der Extremen Rechten wie das *Ostpreußenblatt*. Das reine Vertriebenenblatt hat sich allerdings zu einer allgemeinpolitischen Zeitung entwickelt, in der regelmäßig »neurechte« Autoren schreiben. Ausführlich wird auch dort Finkelstein rezipiert.

2 Norman G. Finkelstein: Die Holocaust-Industrie. Wie das Leiden der Juden ausgebeutet wird, München 2001.

3 www.DNZ-Verlag.de: 28.02.2001: Spitzentitel der Woche und: www.jungefreiheit.de, 27.02.2001: Top Titel des Monats.

4 www.störtebeker.net: 08.02.2001: Die Buchsensation des Jahres? Finkelsteins »Holocaust-Industrie« geht weg wie warme Semmeln.

5 www.diekommenden.net, 27.02.2001: Die Holocaust-Industrie. Wie das Leiden der Juden ausgebeutet wird.

6 Siehe Anm. 5.

7 www.nit.de, 08.02.2001: Meldungen.

8 Siehe Anm. 7.

9 Karsten Voigt: Professor Norman Finkelstein, Deutsche Stimme, September 2000.

10 »Ein erpresserisches Geschäft«. Prof. Finkelsteins Abrechnung mit der Holocaust-Industrie, Deutsche National-Zeitung, 09.02.2001.

11 Kampf um Finkelstein-Buch. Platzt Holocaust-Betrug? Deutsche National-Zeitung, 16.02.2001.

12 »Ein erpresserisches Geschäft«. Prof. Finkelsteins Abrechnung mit der Holocaust-Industrie, Deutsche National-Zeitung, 09.02.2001 und: Kampf um Finkelstein-Buch. Platzt Holocaust-Betrug? Deutsche National-Zeitung, 16.02.2001

13 Vgl. Rainer Zitelmann: Position und Begriffe. Über eine neue demokratische Rechte. In: Heimo Schwilk/Ulrich Schacht (Hrsg.): Die selbstbewußte Nation. Berlin/Frankfurt a. M. 1994, S. 163 ff.

14 Fritz Stenzel: Kontroverse um Finkelstein-Buch. Der große Betrug mit der Wiedergutmachung, Nation & Europa, 10/2000.

15 www.deutschland-bewegung.de, 27.02.2001: Zustimmung für Finkelsteins Thesen.

16 www.signal-online.de, 26.02.2001: Buch über »Holocaust-Industrie« erschienen und: www.signal-online.de, 26.02.2001: Norman Finkelstein sprach in Berlin, v. Andreas Kudjer. Auf die Absetzung der Mendelsohn-Dokumenta-

tion über die Thesen Finkelsteins durch den SWF reagierte *Signal* prompt. Die Redaktion stellte einen Artikel der Frankfurter Allgemeinen Zeitung (FAZ) ins Netz. Lorenz Jäger hatte unter der Überschrift »Wir bitten um Rückgabe« am 05.02.2001 darüber berichtet und nach den Beweggründen gefragt: »Hat er (Christof Schmid) nicht geahnt, daß erst seine Maßnahme das auslösen wird, was er befürchtet: eine Wiederbelebung der häßlichen Stereotype vom jüdischen Einfluß auf die Medien?«. Zitiert nach: www.signal-online.de, 27.02.2001: ARD setzt Film über Finkelstein ab.

17 Laut Eigenangaben liegt die verkaufte Auflage der JF bei 35.000 Exemplaren. Offizielle Stellen gehen jedoch von 10.000 gehandelten Exemplaren aus. Vgl. Felix Krebs: Mit der Konservativen Revolution die kulturelle Hegemonie erobern. Das Zeitungsprojekt *Junge Freiheit*, in: Jean Cremet/Ders./Andreas Speit: Jenseits des Nationalismus. Ideologische Grenzgänge der »Neuen Rechten«. Hamburg/Münster 1999, S. 53 u. 86.

18 Alexander Schmidt: Der Tabubrecher, JF, 11.02.2000.

19 Ivan Denes würdigt aber auch den Chefredakteur der Berliner Zeitung Martin Süßkind für die Veröffentlichung des Interviews, in: Wer zählt die Opfer. Claims Conference in jüdischem Kreuzfeuer, JF, 07.04.2000.

20 Hans-Jörg von Jena: Offene Wunden. Zur Kontroverse um Norman Finkelsteins Buch »Die Holocaust-Industrie«, JF, 16.02.2001.

21 Geschichtsrevisionismus der »Neuen Rechten«, vgl. Gerd Wiegel: Politik mit der Vergangenheit. Entsorgung der Geschichte als Beitrag zur Hegemoniefähigkeit, in: Johannes Klotz/Ulrich Schneider (Hg.): Die selbstbewußte Nation und ihr Geschichtsbild. Geschichtslegenden der Neuen Rechten, Köln 1997, S. 65 ff. und: Alfred Schobert: Geschichtsrevisionismus à la carte. In: Helmut Kellershohn (Hg.): Das Plagiat. Der Völkische Nationalismus der Jungen Freiheit, Duisburg 1994, S. 269 ff.

22 Vgl.: Lars Rensmann: Kritische Theorie über den Antisemitismus, Berlin/Hamburg 1998, S. 254 ff.

23 Vgl.: Leo Löwenthal: Falsche Propheten. Studien zum Autoritarismus, Schriften 3. Frankfurt am Main 1990, S. 201 f.

24 Werbebrief, 29. Oktober 1999: Warum mich 1993 viele für verrückt erklärten« v. Dieter Stein.

25 Vgl. Andreas Speit: Schicksal und Tiefe. Sehnsüchte der »Neuen Rechten«, in: Jean Cremet/Felix Krebs/Ders.: Jenseits des Nationalismus. Ideologische Grenzgänge der »Neuen Rechten«, Hamburg/Münster 1999, S. 16 und 21 f.

26 Appell für die Pressefreiheit. JF, 30.01.01.

27 JF-Pressemitteilung, 02.02.2001: Deutsche Postbank AG nimmt Kontenkündigung gegen Wochenzeitung Junge Freiheit zurück.

28 Vgl. Helmut Kellershohn: Die selbsternannte Elite. Herkunft und Selbstver-

ständnis des Personals der Jungen Freiheit, in: Ders. (Hg.): Das Plagiat. Der völkische Nationalismus der Jungen Freiheit, Duisburg 1994, S. 51 ff.

29 Vgl. Stefan Breuer: Anatomie der Konservativen Revolution, Darmstadt 1993, S. 3.

30 Ernst Jünger zitiert nach: Kurt Lenk/Günter Meuter/Henrique Ricardo Otten: Vordenker der Neuen Rechten, Frankfurt a.M. 1997. S. 129.

31 David Irving: Ungereimtheiten im sog. Gegengutachten«, JF, April 1990.

32 Klaus Kunze: Die Justiz und die »historische Wahrheit« – Exklusivität deutscher Verbrechen als Staatsräson? JF, 07–08/1991.

33 Vgl. Anm. 17. S. 58 und 74 f.

34 Die symbolische Formulierung des »Extremismus der Mitte« mag nicht gefallen, sei es wegen der Unterstellung, daß sich in den Positionen von Politikern und Intellektuellen der Mitte die rechten Ideologeme widerspiegeln, sei es wegen der Behauptung, daß »die Mitte« die Rechtsentwicklung mit verantworte. »Die Mitte«, so möchte es die vermeintliche Mitte, bedeutet »Normalität, so daß alle Handlungen, die aus der Mitte geschehen, als normal erscheinen müssen, egal wie menschenverachtend sie sind.« Siehe Siegfried Jäger: Über das Eindringen von Ideologemen des völkischen Nationalismus in den öffentlichen Diskurs, in: Siegfried Jäger/Dirk Kretschmar/Gabriele Cleve/Birgit Griese/Magret Jäger/Helmut Kellershohn/Coerw Krüger/Frank Wichert: Der Spuk ist nicht vorbei, Duisburg 1998, S. 15 f.

35 Daniel Jonah Goldhagen: Hitlers willige Vollstrecker. Ganz gewöhnliche Deutsche und der Holocaust, Berlin 1996.

36 Werner Olles: »Tricksereien und Betrug«. JF, 21.08.1997.

37 Norman G. Finkelstein: Die Holocaust-Industrie. Wie das Leiden der Juden ausgebeutet wird. München 2001, S. 13.

38 Siehe Anm. 36.

39 Bei der Rezeption Finkelsteins in der JF schrieb er die meisten Beiträge.

40 www.konservative.de, 25.02.2001: Selbstdarstellung Ivan Denes.

41 Ivan Denes: Millionen an Opfern vorbeigeschleust. JF, 04.02.2000.

42 Ivan Denes: »Das sind unsere offiziellen Zahlen«. JF, 20.03.1998.

43 Ivan Denes: Die hohe Schule des Lobbyismus. JF, 15.05.1998. Ivan Denes: Singuläre Tode. »Schwarzbuch: Die Logik des Sterbens. JF, 17.07.1998.

44 Ivan Denes: Macht in der Macht. Wer und Was ist die ›Ostküste‹ des Dr. Helmut Kohl? Jüdische Organisationen in den USA. Ein Dossier. Berlin 2000.

45 Frisch gepreßt, JF, 10.11.2000.

46 Gerhard Frey: Die Lügen-Serie gegen Rechte. DNZ, 19.01.2001.

47 www.jungefreihcit.de, 27.02.2000: Buchbestellung.
48 Ivan Denes: Die hohe Schule des Lobbyismus. JF, 15.05.1998
49 Siehe Anm. 42.
50 Siehe Anm. 41.
51 Siehe Anm. 41.
52 Siehe Anm. 19.
53 Ivan Denes: Mogelpackung. JF, 14.07.00.
54 Ivan Denes: Der Milliardenpoker. Norman Finkelsteins Buch »The Holocaust Industry« sorgt für heftige Kontroversen. JF, 28.07.2000.
55 Streit um Praktiken der Jewish Claims Conference. JF, 11.02.2000.
56 Siehe Anm. 19.
57 Finkelstein-Kontoverse weitet sich aus. JF, 03.03.2000.
58 Irne Casparius: Private Weltmacht. JF. 05.05.2000.
59 Peter Sichrovsky: Zweifelhafte Elite. JF, 08.09.2000.
60 Peter Sichrovsky: Der Antifakomplex, München 1998. Aufgrund seiner politischen Aktivitäten bezeichnete Ignatz Bubis ihn so. Zuvor hatte er noch mit ihm zusammen seine Biographie veröffentlicht. Ignatz Bubis/Mit Peter Sichrovsky: Damit bin ich noch lange nicht fertig, Frankfurt a. M./New York 1996.
61 Siehe u.a. Finkelstein-Kontroverse weitet sich aus. JF, 03.03.2000.
62 Dieter Stein: Finkelstein-Debatte. Offenheit ist nicht schädlich. JF, 16.02.2001.
63 Norman Finkelstein in *Neue Revue* vom 16. März 2000. Zitiert nach: Zitate. JF, 31.03.2000.
64 Siehe Anm. 62.
65 Spiegel hatte extra betont, »nicht für ein Verbot« einzutreten, »weil Bücherverbrennungen und Bücherverbote einen bitteren Beigeschmack« hätten. Er befürchtete aber, daß der Verlag »moralische Grenzen überschreiten« würde, wenn er ein Buch herausgebe, das Antisemiten und Neonazis »Argumentationshilfen« liefere. Siehe Paul Spiegel: Bedenken gegen Finkelstein-Buch. Berliner Zeitung, 29.09.2000. Auch Korn hatte explizit kein »Publikationsverbot« gefordert, jedoch angemerkt, der Piper-Verlag hätte das Buch »erst einmal gründlicher überprüfen« sollen, »wenn es nur um wirkliche Aufklärung in der Sache« ginge. Siehe Wirkliche Aufklärung, FAZ, 12.09.2000.
66 Salomon Korn zitiert nach: Berliner Zeitung: Korn gegen Übersetzung von Finkelstein-Buch. 30.08.2000.
67 Das Denken ist ständige Wachsamkeit, Umberto Eco im Gespräch. Die Zeit, 05.11.1993.

68 Siehe Anm. 20.
69 Siehe Anm. 18 und Anm. 54.
70 Martin Walser: Ein ganz normales Volk. JF, 16.10.1998.
71 »Der mit dem Tabu bricht« titelte die JF aber auch schon einmal 1996. Volker Kempf: Vergewaltigung der Gegenwart. JF, 13.11.1998 und: Thorsten Thaler: Der mit dem Tabu bricht. JF, 14/96.
72 Andreas Speit: - Vielen Dank, Herr Walser - Applaus von der »Jungen Freiheit« und »Deutschen Nationalzeitung«. Der Rechte Rand, Jan./Feb. 1999. Martin Dietzsch/Siegfried Jäger/Alfred Schobert: Endlich ein normales Volk? Vom rechten Verständnis der Friedenspreis-Rede Martin Walsers, Duisburg 1999.

Die Autorin und die Autoren

Micha Brumlik, Prof. Dr. phil., geb. 1947, Professor für Erziehungswissenschaften, Leiter des Fritz-Bauer-Instituts in Frankfurt/M.

Lars Rensmann, geb. 1970, Wissenschaftlicher Mitarbeiter am Institut für Politikwissenschaft der Freien Universität Berlin und Visiting Scholar am Department of History der University of California in Berkeley.

Andreas Speit, geb. 1966, Redakteur der Zeitschrift »Der rechte Rand«, Arbeitsschwerpunkt: Neue Rechte und rechte Ideologiebildung.

Rolf Surmann, Dr. phil., geb.1945, Historiker und Publizist, Arbeitsschwerpunkte: Entschädigungspolitik, Erinnerungskultur, Antifaschismus.

Dieter Vaupel, Dr. phil., geb. 1950, Arbeitsschwerpunkt: Einsatz von KZ-Gefangenen in der Deutschen Industrie und das Problem der Entschädigung, Pädagogischer Leiter an der Brüder-Grimm-Schule in Bebra.

Ulrike Winkler, Dipl. Pol., geb. 1966, z.Zt. Promotion zum Thema »Zwangsarbeit in deutschen Haushalten«.

Wolfgang Wippermann, Prof. Dr. phil., geb. 1945, Professor für Neuere Geschichte an der Freien Universität Berlin.

Moshe Zuckermann, Prof. Dr. phil., Professor für Geschichte, Leiter des Instituts für Deutsche Geschichte an der Universität Tel Aviv.

ISBN 3-89438-209-0, gebunden, 382 S., DM 44,00/SFR 41,00/ÖS 326,00

ISBN 3-89438-183-3, gebunden, 770 S., DM 29,80/SFR 27,50/ÖS 221,00

Walter Grab zeigt, wie untrennbar demokratische Revolution und Judenemanzipation sowie ihr jeweiliges Scheitern miteinander verbunden sind. Die Emanzipation der Juden war auch im deutschsprachigen Raum ein wichtiges Ziel jener, die für die politische Freiheit und Gleichheit aller Menschen eintraten. Ebenso bedingten sich die Judenverfolgung der Nazis und ihr Unterdrückungsfeldzug gegen Arbeiterbewegung, Demokratie und Sozialismus.

Vom Mittelalter bis zum Holocaust: In ihrer reich illustrierten Darstellung zeigen Rudolf Hirsch und Rosemarie Schuder, aus welchen gesellschaftlichen, sozialpsychologischen und religiösen Quellen sich Judenhaß und Antisemitismus in der deutschen Geschichte speisten, wie sie über Jahrhunderte systematisch geschürt wurden und wie sie schließlich den Weg für die „Endlösung der Judenfrage" ebneten.

PapyRossa Verlag
Luxemburger Str. 202, 50937 Köln
Tel.: (02 21) 44 85 45, Fax: (02 21) 44 43 05
e-mail: mail@papyrossa.de, internet: www.papyrossa.de

»**Die neue WELTBÜHNE heißt OSSIETZKY**« (»Neue Akzente«) »**Der Name ist Programm**« (»Israel Nachrichten«, Tel Aviv) »**Exellent gemacht**« (Prof. Dr. Thomas Kuczynski, Berlin) »**Die einzige Zeitung, die ich von der ersten bis zur letzten Seite lese**« (Dr. H. Hannover, Bremen)

Ossietzky

Zweiwochenschrift für Politik / Kultur / Wirtschaft

In OSSIETZKY schrieben bisher u.a.: Matthias Biskupek, Wolfgang Bittner, Emil Carlebach, Daniela Dahn, Anne Dessau, Rolf Gössner, Bernd C. Hesslein, Walter Kaufmann, Dietrich Kittner, Arno Klönne, Heinz Knobloch, Monika Köhler, Otto Köhler, Reinhard Kühnl, Lothar Kusche, Katja Leyrer, Norman Paech, Kurt Pätzold, Günther Schwarberg, Hans See, Eckart Spoo, Eike Stedefeldt, Peter Turrini, Jean Villain, Daniela Ziegler, Gerhard Zwerenz.

VERLAG OSSIETZKY

Bestelladresse: **Verlag Ossietzky GmbH** · Vordere Schöneworth 21 · 30167 Hannover

Es gibt

Eine Insel der Vernunft
in einem Meer von Unsinn.

Die „Blätter" liefern Monat für Monat **Analysen und Alternativen** zur gesamten Bandbreite deutscher und internationaler **Politik**.

Herausgegeben von Micha Brumlik, Günter Gaus, Jürgen Habermas, Detlef Hensche, Rudolf Hickel, Jörg Huffschmid, Walter Jens, Reinhard Kühnl, Claus Leggewie, Ingeborg Maus, Jens G. Reich (u.a.).

Ein kostenloses Probeheft bestellen?
Blätter Verlag, Pf 28 31, 53018 Bonn
Tel. 0 228 / 650 133, Fax 0 228 / 650 251

Blätter für deutsche und internationale Politik

Alternativen

www.blaetter.de